식물 찾아 걷자! 우리 동네 한 바퀴

도시 식물 탐험대

도시 식물 탐험대

초판 1쇄 발행 2022년 5월 10일
초판 4쇄 발행 2024년 5월 5일

지은이 손연주, 박민지, 안현지 감수 김완순
발행인 양원석 발행처 (주)알에이치코리아(등록 2004년 1월 15일 제2-3726호)
본부장 김문정 편집 박진희, 김하나, 정수연, 고한빈 디자인 김민
해외저작권 임이안, 이시자키 요시코 마케팅 안병배, 이지연, 김연서 제작 문태일, 안성현
주소 서울시 금천구 가산디지털2로 53, 20층(한라시그마밸리)
편집 문의 02-6443-8921 도서 문의 02-6443-8800
홈페이지 rhk.co.kr 블로그 blog.naver.com/randomhouse1 포스트 post.naver.com/junior_rhk
인스타그램 @junior_rhk 페이스북 facebook.com/rhk.co.kr

ⓒ 손연주, 박민지, 안현지 2022
이 책은 저작권법에 의해 보호받는 저작물이므로 무단 전재와 복제를 금합니다.

ISBN 978-89-255-7837-8 (74480)
    978-89-255-2418-4 (세트)

※ 제조자명 (주)알에이치코리아 | 제조국명 대한민국 | 사용연령 8세 이상
※ 종이에 손이 베이거나 모서리에 다치지 않게 주의하세요.
※ 잘못 만들어진 책은 구입하신 곳에서 바꾸어 드립니다.
※ KC마크는 이 제품이 공통안전기준에 적합하였음을 의미합니다.

식물 찾아 걷자! 우리 동네 한 바퀴

도시 식물 탐험대

손연주, 박민지, 안현지 지음   김완순 감수

주니어 RHK

차례

식물 박사 웅을 소개합니다!	6
식물 탐험 준비물	8
식물의 구조와 하는 일	10
여러 가지 식물의 한살이	12
사실 한 송이가 아니야	14
갈대	16
강아지풀	18
개망초	20
개미자리	22
학명은 왜 필요할까?	24
골풀	26
괭이밥	28
까마중	30
깨풀	32
식물의 겨울나기	34
꽃다지	36
꽃마리	38
냉이	40
달맞이꽃	42
땅을 비옥하게 하는 식물	44
닭의장풀	46
도깨비바늘	48
돌나물	50
돌콩	52
식물을 기록하는 다양한 방법	54
맥문동	56
메꽃	58
바랭이	60
뱀딸기	62
식물은 화학 공장	64

별꽃	66	주름잎	96
부들	68	쥐꼬리망초	98
뽀리뱅이	70	질경이	100
서양민들레	72	코스모스	102
숲은 어떻게 만들어질까?	74	식물을 다루는 직업의 세계	104
쇠뜨기	76	큰개불알풀	106
쇠비름	78	큰도꼬마리	108
수크령	80	토끼풀	110
쑥	82	흰명아주	112
식물이 씨앗을 퍼뜨리는 방법	84	식물 탐험을 마치며…	114
애기땅빈대	86	찾아보기	116
애기똥풀	88	추천의 말	120
여뀌	90		
제비꽃	92		
곤충을 유혹하는 식물	94		

일러두기

- 식물의 한글 이름은 국가표준식물목록에 따라 표기하였습니다.
- 과명은 국립국어원 표준국어대사전을 따랐으나 벼과, 지치과, 쥐꼬리망초과 등 일부는 전문적인 고유 명사로 보아 예외로 하였습니다.

식물 박사 웅을 소개합니다!

식물 탐험 준비물

식물 탐험 준비를 마친 웅의 모습

먼저 기록할 도구를 챙겨야 해.

카메라 / 휴대 전화 / 수첩과 연필

구하기 어려운 준비물은 없다고!

그래야 관찰하며 알게 된 사실이나 궁금한 내용을 그때그때 기록할 수 있어.

기록할 수 있는 도구면 무엇이든 돼.

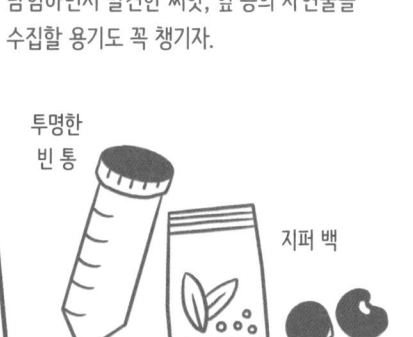

탐험하면서 발견한 씨앗, 잎 등의 자연물을 수집할 용기도 꼭 챙기자.

투명한 빈 통 / 지퍼 백

준비물을 넣어 다닐 가방도 있어야겠지?

뭐니 뭐니 해도 가장 중요한 건…

식물 탐험을 즐길 마음이야!

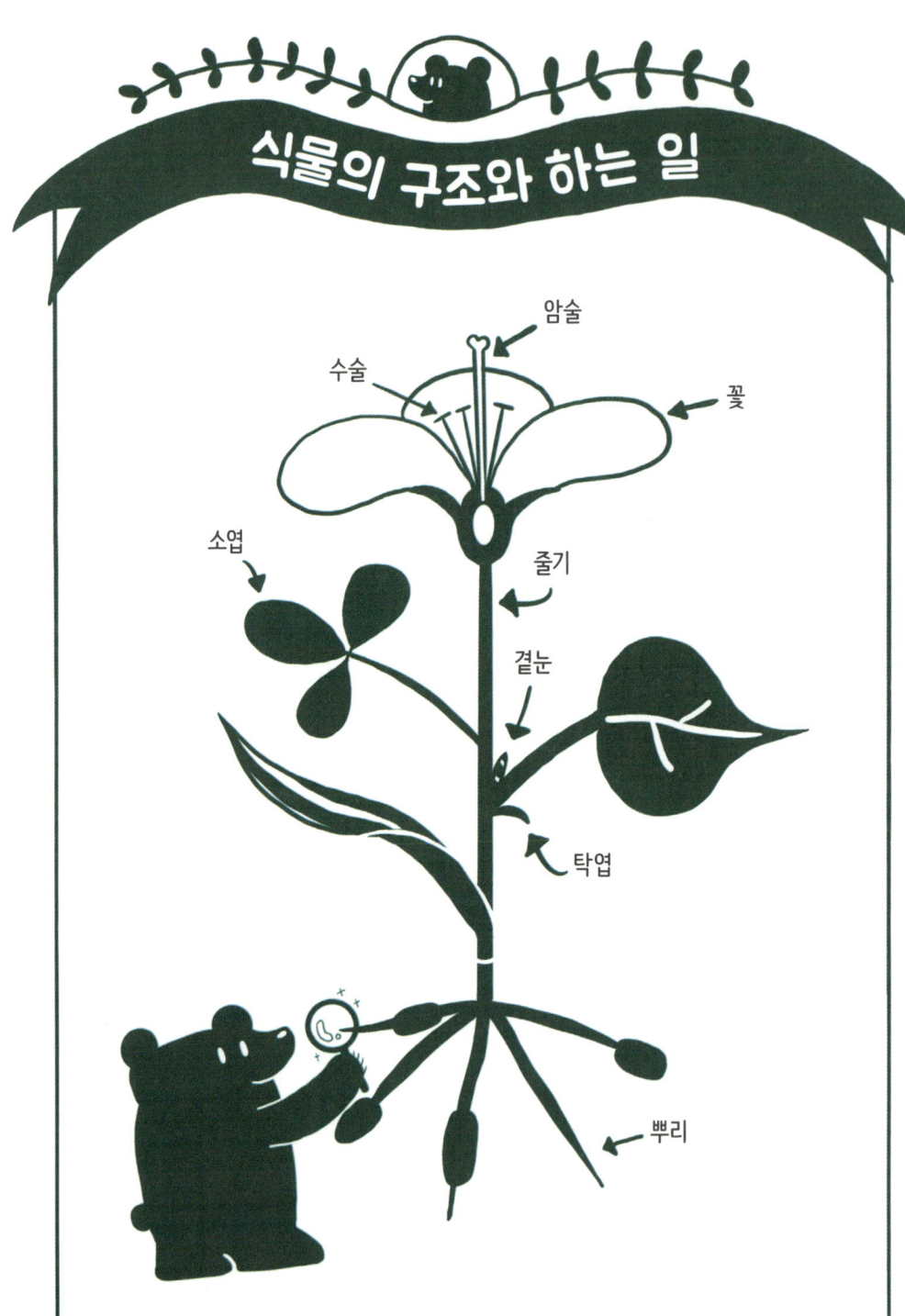

식물을 탐험하려면 식물이 어떻게 이루어져 있는지,
각 부분의 이름과 하는 일이 무엇인지 먼저 알아야 해.

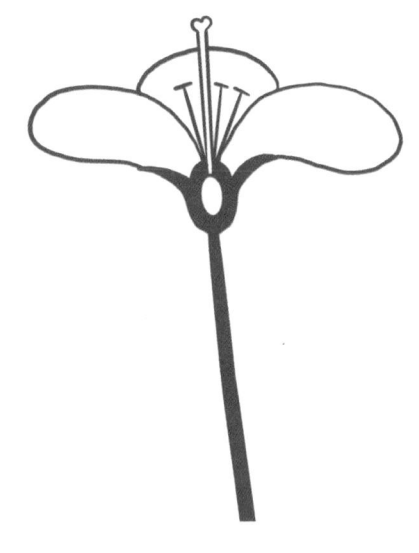

꽃

꽃은 번식을 위한 기관이야. 암술에 수술의 꽃가루가 옮겨 붙는 것을 '꽃가루받이(수분)'라고 하는데, 꽃가루받이를 마치면 열매와 씨앗이 생겨. 씨앗은 또다시 싹을 틔우고, 꽃을 피우고, 열매를 맺으며 번식하지.

줄기

뿌리에서 흡수한 물과 양분을 저장하거나 꽃과 잎 등으로 보내는 통로가 되지. 식물을 지지하는 것도 줄기가 하는 일이야.

• 곁눈 : 줄기와 잎이 연결되는 잎겨드랑이에 생기는 싹

잎

잎에 있는 엽록체에서 빛과 물, 이산화 탄소를 이용해 식물의 영양분이 되는 포도당을 만들어. 이러한 작용을 '광합성'이라고 해.
엽록체 속에 들어 있는 엽록소가 초록색이기 때문에 식물의 잎이 초록색으로 보이는 거야.

• 소엽 : 한 잎자루에 난 여러 겹의 잎을 이루는 작은 잎
• 탁엽(턱잎) : 잎자루 밑에 붙어 나는 작은 잎

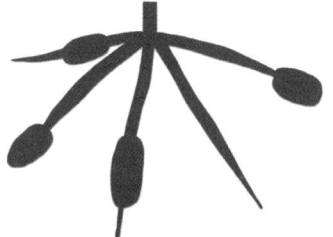

뿌리

뿌리는 식물이 쓰러지지 않게 지지하고 물과 양분을 흡수하는 역할을 해. 또 양분을 뿌리에 저장하기도 하지.

씨앗에서 싹이 트고, 자라고, 꽃이 피고, 열매를 맺어
다시 씨앗을 만들고 죽기까지의 과정을 '식물의 한살이'라고 해.

가을　　　꽃　　　열매　　　겨울

씨앗

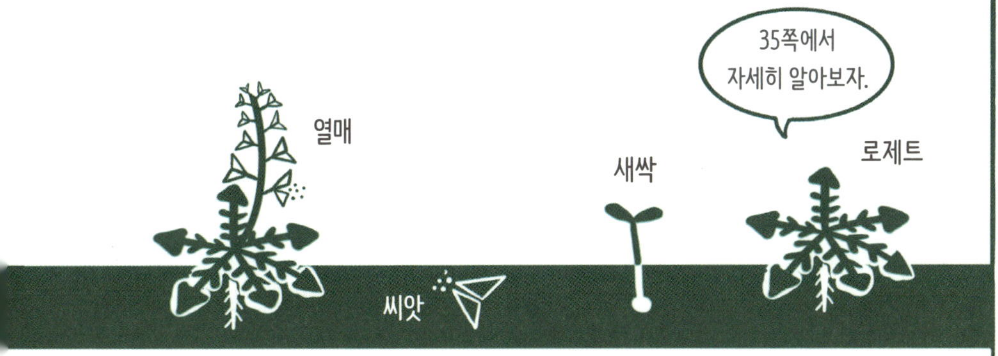

35쪽에서 자세히 알아보자.

열매　　　　　　　새싹　　　로제트

씨앗

열매　　　씨앗　　　잎은 죽고 뿌리만 남음.

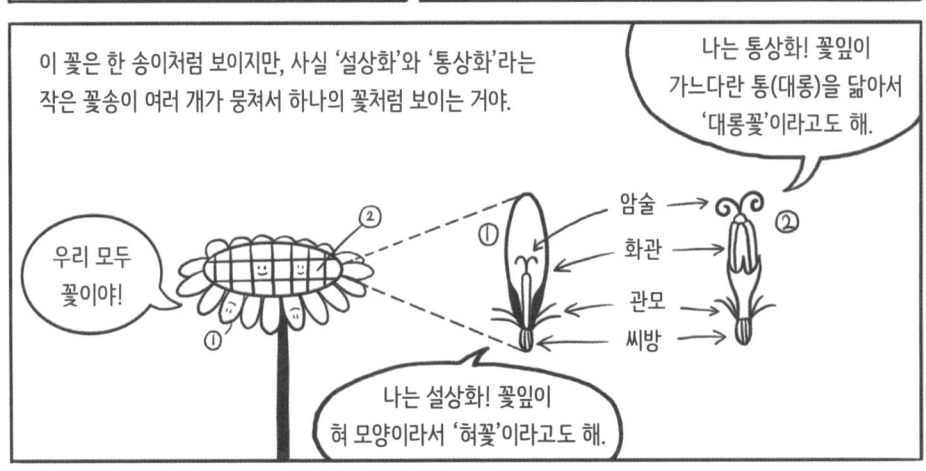

탐험 미션 ❶ 국화과 식물을 찾아보자!

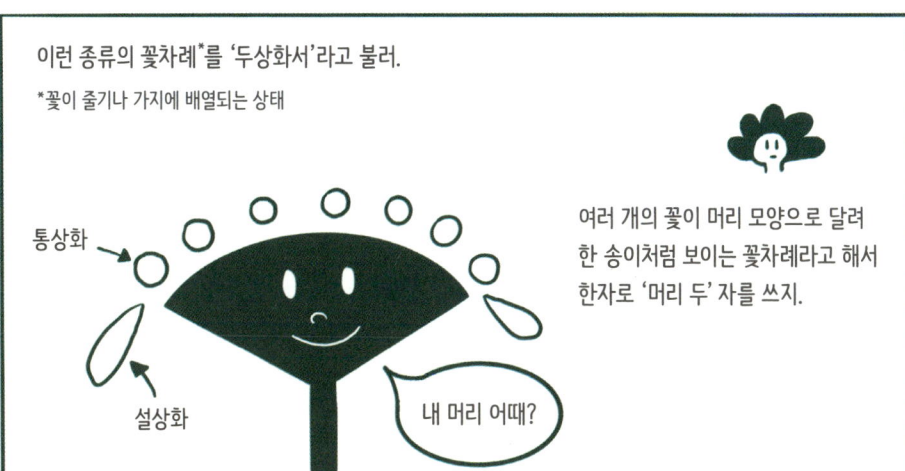

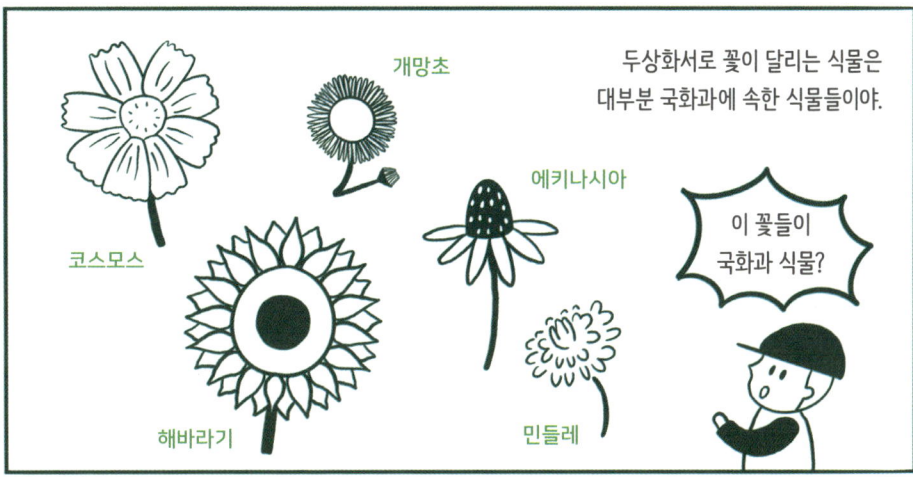

갈대 *Phragmites australis*

- 벼과의 여러해살이풀
- 꽃 피는 때 : 8~9월
- 발견할 수 있는 장소 : 물 흐름이 없는 습지, 도심 속 하천 주변, 저수지

갈대의 원래 이름은 순우리말 '골(갈)'이었는데, 세월이 흐르며 그 뒤에 식물의 줄기나 가늘고 긴 물건을 의미하는 '대'가 붙어 갈대가 되었다고 전해져.

식물의 특징 갈대는 늪지나 물이 느리게 흐르는 곳, 바닷물과 민물이 만나는 조간대에서 잘 살아. 수질 정화 식물로 유명하지. 씨앗으로도 번식하지만 땅속줄기를 뻗어 가며 왕성하게 세력을 확장해. 1~3m까지 키가  자라는데, 가는 줄기에 비해 잎이 무성하다 보니 바람이 불면 금세 바람 방향에 따라 이리 흔들 저리 흔들 휩쓸리지. 그래서 쉽게 마음이 변하는 사람더러 '갈대 같다'고 하는 거야.

재밌는 사실 우리 선조들은 갈대 이삭으로 빗자루 같은 생활용품을 만들어 썼어. 속이 빈 갈대 줄기는 단열과 방음 효과가 좋아서 예로부터 지붕이나 움막, 가축 우리 등을 지을 때 건축 자재로 많이 쓰였지. 피리로 만들  어 불기도 했고. 아메리카 원주민들은 갈대로 화살을 만들었고, 고대 수메르 사람들은 맥주를 마실 때 갈대 줄기를 빨대로 이용했다고 알려져 있어. 최근 수메르 사람들처럼 갈대로 친환경 빨대를 만들고자 하는 기업들이 생기는 걸 보면 옛사람들의 지혜는 오늘날의 우리에게 큰 도움을 주는 것 같아.

강아지풀 *Setaria viridis*

- 벼과의 한해살이풀
- 꽃 피는 때 : 7~8월
- 발견할 수 있는 장소 : 가로수 밑 화단, 도로 옆 화단

옛날에는 가랏, 가라지라고 불렸대. 생김새가 꼭 강아지 꼬리를 닮기도 했고, 가라지와 발음이 비슷하기도 해서 강아지풀이 된 거지. 지금도 지역에 따라 가래지, 가지풀, 복슬가지, 강생이풀 등 이름이 무척 다양해.

식물의 특징 강아지풀은 빛이 강하고, 덥고, 물이 적은 환경에서도 잘 자라서 늦여름에 자주 볼 수 있어. 바랭이, 명아주, 망초 같은 키 큰 식물과 함께 잘 자라지.

재밌는 사실 강아지풀은 이름과 달리 고양이들에게 인기가 많아. 강아지풀 이삭에 보송보송한 털이 달려 있어서 이삭을 살랑살랑 흔들면 고양이가 엄청 좋아하거든. 그래서 인조 강아지풀을 만들어서 고양이 장난감으로 팔기도 해. 강아지풀은 간질간질 친구를 간질이는 놀잇감으로도 딱이지!

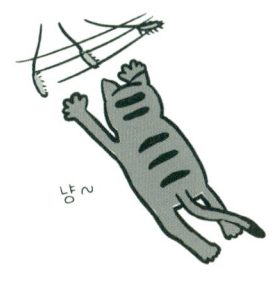

맛있는 사실 '조'라는 식물 알아? 쌀, 보리, 콩, 기장과 함께 '오곡'으로 불리지. 그런데 조의 조상 식물이 강아지풀의 먼 친척이라는 사실! 밥 지을 때 섞어 넣기도 하는 노란 좁쌀이 바로 조의 열매인데, 먹을 것이 부족했던 시절에 강아지풀 이삭으로 밥을 지으면 좁쌀밥과 맛이 비슷하다고 해서 곡식 대신 먹기도 했어. 강아지풀 열매를 불에 구우면 팝콘처럼 먹을 수 있다는데, 정말 그럴까?

개망초 *Erigeron annuus*

- 국화과의 두해살이풀
- 꽃 피는 때 : 6~9월
- 발견할 수 있는 장소 : 공원의 철쭉 화단, 건물의 콘크리트 틈새, 공터

꽃의 생김새가 꼭 달걀프라이를 닮아서 '계란꽃', '달걀프라이꽃'이라는 별명이 붙었어. 북아메리카가 고향인 개망초는 개화기와 일제 강점기에 일본을 거쳐 우리나라에 들어온 식물이야. 개망초가 우리나라에 퍼졌을 때 나라가 망했다고 해서 개망초라는 이름이 붙었다는 설이 있어. 워낙 강한 번식력 탓에 농사를 망쳐서 붙은 이름이라고도 하지.

식물의 특징 척박한 땅에서도 잘 자라서 공터나 화단 사이, 넓은 벌판이나 기찻길 주변 같은 땅에서 쉽게 볼 수 있어. 개망초는 꽃가루받이로 번식하는 식물이 아니야. 꽃이 수정되기도 전에 분열해서 씨앗을 만들지. 그래서 번식하는 데 벌이나 다른 곤충의 도움이 필요 없어.

신기한 사실 식물이 화학 물질을 내뿜어 주변 식물의 성장을 막거나, 반대로 자기에게 이로운 식물을 잘 자라게 하는 것을 '타감 작용'이라고 해. 개망초는 잎과 줄기, 뿌리에서 다른 식물이 자라는 것을 방해하는 물질을 내뿜기 때문에 넓은 땅을 차지하고 자랄 수 있어.

재밌는 사실 이제부터 역사 드라마를 유심히 봐 봐. 조선 시대 이전이 배경인 드라마에서 개망초가 보인다면? 그건 옥의 티지! 개망초가 우리나라에 언제 들어왔는지 앞에서 이야기했잖아.

개미자리 *Sagina japonica*

- 석죽과의 한해살이풀 또는 두해살이풀
- 꽃 피는 때 : 6~8월
- 발견할 수 있는 장소 : 깨진 시멘트 틈새, 보도블록 틈새

주변에 개미가 많이 꼬인다고 해서 개미자리라는 설이 있어. 개미나물이라고도 하지. 일본에서는 '츠메쿠사'라고 부르는데 '손톱 풀'이란 뜻이야. 잎이 새의 발톱이나 잘린 손톱처럼 생겨서 그렇게 부른다나?

 작은 흰 꽃이 꼭 진주 같아서 영어 이름에 'pearlwort', 즉 '진주 풀'이라는 말이 들어가 있어.

식물의 특징 개미자리에 개미가 많이 꼬이는 이유가 다 있지. 개미자리 씨앗이 개미의 든든한 식량이거든. 씨앗을 자세히 봐 봐. 개미들이 물고 가기 편하도록 작은 돌기들이 돋아 있어.

신기한 사실 개미자리는 지구에 사는 가장 작은 식물 중 하나지만 생명력만큼은 엄청나. 개미자리 종류는 지구상의 거의 모든 곳에서 살아가거든. 뜨거운 열대 지역뿐만 아니라 해발 고도 2000m가 넘는 고산 지대, 바다의 갯바위, 심지어 겨울철 평균 기온이 영하 60℃나 되는 남극 과학 기지 앞뜰에서도 발견되었을 정도야.

건강한 사실 우리나라를 포함한 동북아시아 지역에서는 개미자리를 약재로 써 왔어. 한의학에서는 개미자리 잎을 '칠고초'라고 해서 열이 나거나 염증이 생겼을 때 복용하거나, 상처에 바르기도 했어. 특히 잎을 찧어 옷 오른 부위에 바르면 빨리 가라앉았다고 해. 칠고초의 '칠'이 '옻나무'를 의미하는 걸 보면 효능을 짐작할 수 있겠지?

학명은 왜 필요할까?

꽃이 피었네!

꽃 이름이 뭐지? 도감을 찾아봐야겠다.

후다닥

어? 이게 다 무슨 말이야?

앵초
- 이명 : 취란화
- 학명 : *Primula sieboldii* E. Morren
- 영문명 : East Asian primrose

앵초? 취란화? 학명은 또 뭐지? 영어 이름이랑 다르게 생겼는데….

내가 알려 줄게!

우리나라에서는 이 꽃을 취란화, 앵초, 연앵초 등 다양하게 불러 왔어.
그래서 헷갈리지 않게 식물에 고유한 이름을 붙여 주었지.
도감에서는 그걸 '정명'이라고 불러. 정명이 아닌 이름은 다 '이명'이라고 부르고.

정명은 정식 이름, 이명은 식물의 별명인 셈이지.

듣고 보니 이 동요가 생각나네.

이름은 하나인데 별명은 서너 개~

탐험 미션 ❷ 내가 찾은 식물의 학명을 알아보자!

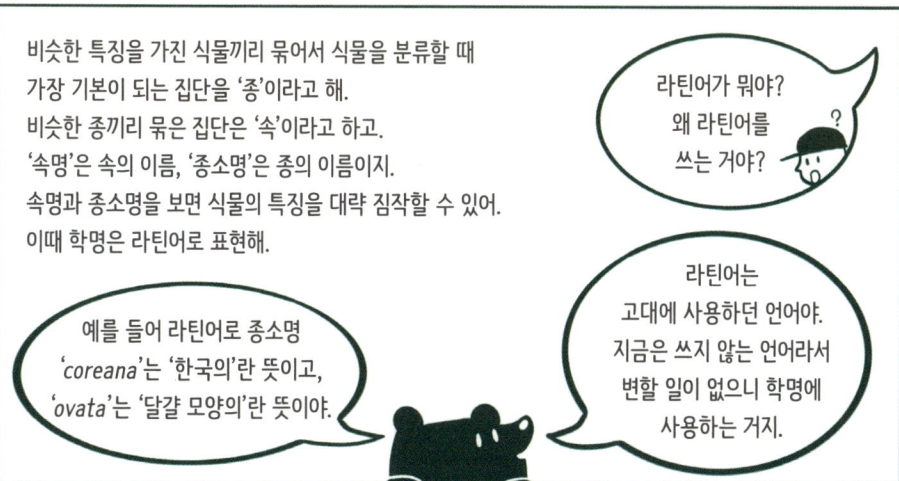

골풀 *Juncus decipiens*

- 골풀과의 여러해살이풀
- 꽃 피는 때 : 5~6월
- 발견할 수 있는 장소 : 하천 가장자리, 늪지대

골짜기에 나는 풀이라고 해서 골풀이 되었다는 설이 있어. 하지만 조선 시대 기록에 '고을심', '골속'이라고 적혀 있는 것으로 보아 여기에서 골풀이라는 이름이 나온 것으로 생각돼. 골풀은 등심초라고도 불려. 골풀 줄기를 한 꺼풀 벗겨 그 뽀얀 속을 등잔의 심지로 사용했기 때문이지.

재밌는 사실 옛날 아이들은 골풀을 꿰미풀이라고도 불렀대. 골풀 줄기를 뽑아 잘린 부분으로 물고기의 아가미, 개구리의 콧구멍, 벌레의 머리 옆부분을 꿰어 가지고 다녔거든. 골풀의 머리(꽃이삭) 부분이 매듭처럼 생긴 점을 이용한 거야.

조선 숙종 때 책인 《산림경제》에 보면 등잔 심지나 자리를 엮는 데 골풀을 사용했다고 적혀 있어. 말린 골풀 줄기로 자리, 방석, 바구니 같은 생활용품을 만들었는데, 그중에서도 골풀 등메(자리의 일종)는 강화도의 특산품으로, 정해진 양만 생산했다고 해. 재료를 가공하는 데 시간과 품이 많이 들 뿐 아니라, 자리를 짤 때도 두 사람이 힘을 합쳐 보름 동안 짜야 했어. 그러니 아주 귀했지.

건강한 사실 골풀의 속은 한약재로도 쓰였지. 소변을 제대로 보기 힘들거나 몸이 부을 때, 입속이 헐 때 쓰면 치료 효과가 뛰어났어.

괭이밥 *Oxalis corniculata*

- 괭이밥과의 여러해살이풀
- 꽃 피는 때 : 4~10월
- 발견할 수 있는 장소 : 아파트나 도로변 화단, 등산로 주변, 돌 틈새

괭이(고양이)가 배탈 나면 먹는 식물이라고 해서 붙은 이름이야. 괭이밥의 속명인 *Oxalis*는 그리스어로 '신맛'을 뜻하는 'oxys'에서 비롯되었는데 실제로 괭이밥에는 신맛이 나는 옥살산이 포함되어 있어.

식물의 특징 괭이밥은 재밌는 운동을 해. 아침이 되면 잎을 펴고 밤이 되면 잎을 오므리는 '수면 운동'이야. 하트 모양의 잎 3개가 붙어 자라서 토끼풀과 헷갈리기 쉬운데, 토끼풀과 달리 괭이밥은 노란색 꽃을 피우지. 작은 콩깍지 같은 씨앗 꼬투리가 하늘을 향해 우뚝 솟아 있는데, 잘못 건드리면 껍질이 터지면서 다 익은 씨앗이 사방으로 터져 나오기 때문에 아주 잘 번져.

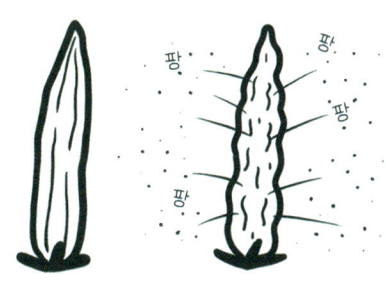

신기한 사실 씨앗에는 당분이 풍부한 물질(엘라이오솜)이 붙어 있어. 이 물질을 좋아하는 개미들은 씨앗을 집에 가져가서 그 부분만 떼어 보관하고 씨앗은 내다 버리지. 이때 개미가 버린 씨앗들은 숲속 곳곳에서 싹을 틔우는데, 개미의 이런 특이한 행동을 '개미 씨앗 퍼뜨리기'라고 해.

재밌는 사실 옛날엔 놋그릇에 광을 내는 데 괭이밥을 사용하기도 했대. 괭이밥에 있는 옥살산이 금속의 녹을 제거해 주거든. 녹슨 동전에 괭이밥을 문질러 봐. 반짝반짝 광택이 날 거야.

까마중 *Solanum nigrum*

- 가지과의 한해살이풀
- 꽃 피는 때 : 5~7월
- 발견할 수 있는 장소 : 아파트의 빈 화단, 가로수 밑

까마중은 까만 열매가 스님의 반들반들한 머리를 닮아서 붙은 이름이래. 종소명 *nigrum*은 라틴어로 '검다'는 뜻이야. 가마중, 강태, 먹딸기라고도 불려.

식물의 특징 꽃과 열매의 생김새가 감자, 토마토와 비슷해. 가지과에 속하는 친척들이거든! 까마중은 깊게는 70cm까지 뿌리를 깊이 내려야 하는 식물이라서 보도블록 틈새보다는 화단에서 자라는 것을 좋아해. 사람의 발길이 닿는 풀밭이라면 쉽게 볼 수 있으니 눈을 크게 뜨고 찾아봐.

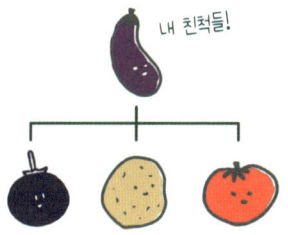

신기한 사실 까마중 잎에서 털이 복슬복슬한 주황색 무당벌레를 찾았다고? 그렇다면 그건 십중팔구 이십팔점박이무당벌레야. 이십팔점박이무당벌레는 가지과 식물의 잎을 좋아하거든.

맛있는 사실 까마중은 잎, 싹, 줄기, 열매 모두 먹을 수 있어. 유럽에서는 단맛이 나는 열매를 잼으로도 만들어 먹었지. 우리나라에서는 옛날에 시골에서 배고픈 아이들이 간식으로 까마중 열매를 먹었다고 해.

위험한 사실 잘 익은 까마중 열매는 달지만, 다 익지 않은 열매에는 '솔라닌'이라는 독이 있어. 같은 가지과 식물인 감자의 싹에도 있는 성분이지. 그러니 까마중 열매가 탐스러워 보인다고 무작정 따 먹으면 안 돼.

깨풀

Acalypha australis

- 대극과의 한해살이풀
- 꽃 피는 때 : 7~9월
- 발견할 수 있는 장소 : 밭고랑, 옥상 정원, 텃밭, 길가

깻잎보다 크기만 작을 뿐 잎의 모양새가 같아서 '깨풀'이라는 이름이 붙었어. 종소명인 *australis*는 '남쪽' 또는 '남반구'를 뜻하는 라틴어인데, 아마 깨풀이 주로 따뜻한 지역에 분포하기 때문에 붙은 학명일 거야.

식물의 특징 잎이 깻잎과 비슷하게 생겼다고 했지? 깨풀의 잎은 깻잎보다 좀 더 폭이 좁고 잎은 어긋나 있어. 그리고 암꽃과 수꽃은 잎겨드랑이*마다 함께 피어. 위로 솟은 붉은 이삭 모양이 수꽃이고 달걀 모양의 잎(포엽)에 싸여 있는 것이 암꽃이야. 암꽃에는 3대의 암술대가 있기 때문에 동그란 열매도 3개가 달리지.

*식물의 줄기나 가지에 붙는 잎의 윗부분

건강한 사실 예로부터 전해 내려오는 민간요법에 따르면 깨풀의 생잎을 찧어서 상처 입거나 아픈 부위에 붙이기도 하고 잎을 달여서 탕약으로 먹기도 했대. 실제로 깨풀에 항균, 항염 효과가 있다는 연구들이 있다는 사실! 깻잎이나 박하와 향이 비슷해서 잎과 줄기를 냄새 제거제, 치약 재료로도 사용했대.

맛있는 사실 깨풀의 어린잎은 무쳐 먹을 수 있어. 생긴 것처럼 맛도 깻잎이랑 비슷할까? 궁금하다, 그렇지?

식물의 겨울나기

탐험 미션 ❸ 로제트 식물을 찾아보자!

여러해살이풀은 땅 위로 나와 있는 부분은 얼어 죽지만, 상대적으로 따뜻한 땅속에서 뿌리만은 살아남지.

물론 여러해살이풀이 다 그런 건 아니야. '로제트 식물'은 땅 위에 바짝 붙어서 겨울에도 잎이 남아 있거든!

로제트(Rosette)는 장미(Rose)에서 유래한 말이야.

어머, 내 이름에서?

짧은 줄기에 잎이 사방으로 동그랗게 나는데, 그 모습이 꼭 장미꽃과 비슷해서 붙은 이름이지.

추위에 어는 면적을 최소한으로 줄이고, 햇빛은 최대한 받을 수 있는 유리한 구조야.

개망초

서양민들레

냉이

꽃마리

우리 주변에는 다양한 로제트 식물이 살고 있어. 눈을 크게 뜨고 찾아보자!

에헴!

꽃다지

Draba nemorosa

- 배추과의 두해살이풀
- 꽃 피는 때 : 3~6월
- 발견할 수 있는 장소 : 뒷동산 풀숲, 밭고랑, 양지바른 공터

작은 꽃들이 다닥다닥 붙어서 피어나는 모습 때문에 붙은 이름이라고 해. 그런데 우습게도 별명이 '코딱지나물'이야. 코딱지처럼 작아서일 수도 있고 꽃다지, 꽃다지 하고 부르다 보니 코딱지 나물로 불린 걸 수도 있지.

식물의 특징 도시 어디에서나 흔하게 볼 수 있어. 꽃잎이 십자(十) 모양으로 피어서 십자화과 식물로 불리기도 해. 양지바른 곳을 좋아하는데, 냉이가 좋아하는 환경을 꽃다지도 좋아하기 때문에 냉이가 있는 곳에 함께 피어 있는 경우가 많아. 한마디로 둘은 자리를 놓고 경쟁하는 치열한 라이벌 관계인 거지.

꽃다지와 냉이는 꽃 색깔로 구분할 수 있지만, 꽃이 없으면 헷갈리기도 해. 그럴 땐 열매나 잎의 모양을 보고 구분하면 돼. 꽃다지 열매는 둥근 모양이고 냉이 열매는 하트 모양이거든. 또 꽃다지 잎과 달리 냉이 잎은 가장자리가 삐죽삐죽하지.

건강한 사실 꽃다지 씨앗은 천식에 쓰이는 약재야. 기침과 천식이 심할 때 멥쌀과 함께 죽을 끓여 먹으면 좋아.

맛있는 사실 옛날에는 냉이와 함께 봄철 국거리로 쓰였던 나물이야. 먹을 것이 부족했던 시절엔 꽃다지로 죽을 쑤어 먹기도 했다는데, 지금은 사람들이 거의 찾지 않지.

꽃마리

Trigonotis peduncularis

- 지치과의 두해살이풀
- 꽃 피는 때 : 4~7월
- 발견할 수 있는 장소 : 건물 화단의 구석, 길가

꽃차례가 둥글게 말려 있다가 펴지며 아래부터 꽃이 피어나기 때문에 꽃말이라고 부르다가 꽃마리가 되었대. 영어로는 'Korean forget-me-not('나를 잊지 말아요'라는 꽃말로 유명한 한국의 물망초)'로 불린다고도 해. 우리나라를 찾은 한 선교사의 아내가 꽃마리를 물망초로 착각해서 그렇게 불렀다지?

식물의 특징 꽃이 5mm 정도로 아주 작아서 가까이 들여다봐야 해. 하늘색 꽃잎의 가운데는 은은한 노란색을 띠어. 이 부분을 곤충의 눈을 자극하는 '유인 문양'이라고 해. 털보등애같이 정지 비행을 할 수 있는 곤충이나 개미들이 자주 찾아온대. 꽃가루받이를 마치면 노랗던 유인 문양이 흰색으로 변해. 더는 곤충을 유인할 필요가 없으니까! 꽃이 새로 피면 그때 다시 은은한 노란색으로 곤충들을 유인하지.

재밌는 사실 꽃마리를 발견하거든 손가락으로 잎을 비벼서 냄새를 맡아 봐. 신기하게도 오이 냄새가 나! 그래서 서양에서는 'Cucumber herb(오이 풀)'라고도 불러.

건강한 사실 한의학에서는 꽃마리를 '부지채'라고 불러. 막힌 기운을 통하게 해 마비 증상을 낫게 하고 독을 풀어 주는 데 사용했지. 오줌을 붙잡아 두는 성질이 있어서 밤에 오줌 싸는 아이들에게 처방했다고도 해.

냉이   *Capsella bursa-pastoris*

- 배추과의 두해살이풀
- 꽃 피는 때 : 3~5월
- 발견할 수 있는 장소 : 가로수 밑, 밭고랑, 양지바른 공터

냉이는 나생이, 남새, 나물 등과 어원이 같은 오래된 우리말로 추측돼. 냉기를 이긴다고 하여 붙은 이름이라고도 하고 그 유래가 아주 다양하지. 지역마다 남수, 내사이, 내시랭이 등 이름도 여럿이고. 《본초강목》에서는 '땅에서 나는 쌀 같은 중요한 채소'란 뜻으로 지미채, '생명을 보호하는 풀'이란 뜻으로 호생초라고 냉이를 소개하고 있어.

재밌는 사실 냉이 씨앗으로 미니 마라카스(흔들어서 소리를 내는 리듬 악기)를 만들 수 있어. 씨앗이 조금 익었을 때쯤 하트 모양의 열매를 조몰락조몰락해서 안에 공간을 만들고 흔들면 희미하게 씨앗끼리 부딪치는 소리가 나!

냉이 마라카스

위험한 사실 냉이가 보인다고 아무 데서나 냉이를 캐 먹으면 위험해! 길가 근처나 도심에서 자라는 냉이는 자동차 매연이나 도심의 먼지에 섞인 중금속 물질을 흡수하기 때문에 오염되었을 가능성이 크거든. 도시에서 떨어진 야산이나 들녘에서 자라는 냉이를 캐 먹는 게 안전하지.

맛있는 사실 한국 사람이라면 아마 누구나 먹어 봤을 대표적인 봄나물이야. 사실 가을에도 먹을 수 있지만, 왠지 봄에만 먹는 것처럼 알려져 있어. 냉이를 맛있게 먹으려면 꽃이 피기 전에 캐 먹는 게 좋아. 꽃이 피면 겨우내 축적한 양분을 다 써서 뿌리가 딱딱해지거든. 그래도 된장찌개에 넣고 끓이면 여전히 싱그러운 향이 솔솔 풍기지.

달맞이꽃 *Oenothera biennis*

- 바늘꽃과의 두해살이풀
- 꽃 피는 때 : 6~9월
- 발견할 수 있는 장소 : 개천가 풀숲, 양지바른 화단

이름은 친숙한 우리말이지만, 알고 보면 북아메리카에서 온 귀화 식물이야. 개화기 이후 우리나라에 들어온 것으로 추정된대. '달을 맞이한다'는 뜻의 이름처럼 달이 떠오르는 시간에 꽃이 피어.

식물의 특징 달맞이꽃의 주요 고객은 나방이야. 은은한 달빛에 빛나는 꽃을 보고 찾아오지. 꽃잎에 곤충들의 눈에만 보이는 줄무늬 주름이 있어서 곤충들을 꿀샘*까지 유인해. 또 포도주 냄새 같은 향기를 뿜어 동물을 유혹하지.

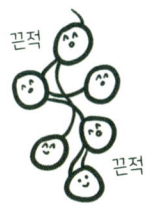

달맞이꽃은 꽃가루도 특별해. 꽃가루끼리 끈적한 실로 연결되어 있어 살짝만 닿아도 수백 개가 곤충의 몸에 달라붙어. 꽃가루받이를 위해 작은 기회도 놓치지 않는 거야. 달맞이꽃 씨앗은 새들의 먹이가 되기도 해.

*꽃이나 잎에서 꽃꿀을 내는 기관

재밌는 사실 서양에서는 요정들이 달맞이꽃에 맺힌 이슬을 모아 마법 약 재료로 사용한다는 전설이 있어. 아메리카 대륙의 사냥꾼들은 사냥감이 기척을 알아채지 못하도록 강한 향이 나는 달맞이꽃을 신발에 문질렀다고 해.

건강한 사실 예로부터 아메리카 원주민들은 이 식물을 먹기도 하고 화상이나 타박상 같은 곳에 바르는 약으로도 사용했어. 최근에는 달맞이꽃 종자유가 약이나 영양제로 많이 사용되는데, 아토피와 생리통에 특히 효과적이라고 알려져 있지.

탐험 미션 ❹ 콩과 식물 뿌리에서 뿌리혹박테리아를 찾아보자!

그래서 척박한 땅에서도 콩과 식물을 잘 자라게 하고 땅을 비옥하게 해 주지.

살아 있는 식물 비료인 셈이네!

그렇지!

농부들은 이런 원리를 이용해서 콩과 식물인 자운영, 토끼풀 같은 식물을 심어 땅을 비옥하게 만들고, 여러 작물을 키우기도 해.

보리수나무, 오리나무처럼 콩과 식물이 아닌데도 뿌리혹박테리아가 기생해서 사는 식물도 있어.

우리도 땅을 비옥하게 만들어!

나 이런 땅콩이야!

땅콩을 심으면 땅콩도 얻고, 땅에 양분도 주고! 그야말로 일석이조네?

그렇지! 나중에 뿌리혹박테리아랑 같이 사는 식물 키우기에 도전해 보자!

닭의장풀 *Commelina communis*

- 닭의장풀과의 한해살이풀
- 꽃 피는 때 : 6~9월
- 발견할 수 있는 장소 : 그늘진 담장 밑, 울타리 밑

중국에서는 '오리 발에 밟히는 풀'이란 뜻으로 압적초라고 불러. 이 이름이 우리나라에 전해지면서 오리 대신 닭으로 바뀌어 닭의장풀, 달개비, 닭의꼬꼬 등으로 불리게 된 거야. 실제로 닭의장풀은 습한 닭장 같은 곳에서 잘 자라는 식물이지.

식물의 특징 닭의장풀과에 속하는 식물들은 대부분 이른 아침에 꽃이 피고 하루 만에 져 버려. 꽃이 질 때 긴 수술이 암술을 둥글게 감싸기 때문에 다른 꽃의 꽃가루 없이 자기 꽃가루만으로 씨앗을 맺을 수 있지. 이것을 '제꽃가루받이(자가 수분)'라고 해. 참, 닭의장풀에는 투명한 꽃잎 4장이 있다는 사실! 꽃잎 1장은 앞면에서, 3장은 뒷면에서 볼 수 있지.

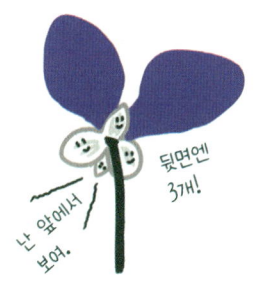

신기한 사실 식물의 잎 표피에는 식물이 숨을 쉬고 식물체 안의 수분을 공기 중으로 내뱉는 공기 구멍(기공)이 있어. 닭의장풀은 잎 뒷면의 표피가 쉽게 분리되기 때문에 과학 시간에 현미경으로 잎의 기공을 관찰할 때 많이 쓰는 식물이야.

재밌는 사실 하루 만에 꽃이 져 버려서일까? 영어 이름에 'dayflower'라는 말이 들어가. 꽃말 역시 '짧았던 즐거움'이고. 일본 사람들은 문학 작품에서 '덧없음'을 표현할 때 이 꽃을 사용했다고 해. 꽃과 다르게 잎은 정말 질겨서 책 사이에 끼워 넣어도 일주일 넘게 푸른빛을 유지하지. 파란색 꽃잎은 천이나 종이를 푸르게 물들이는 염료로도 쓰였어.

도깨비바늘   *Bidens bipinnata*

- 국화과의 한해살이풀
- 꽃 피는 때 : 8~9월
- 발견할 수 있는 장소 : 공원이나 아파트 산책로의 풀숲

열매가 바늘처럼 길게 생겨서 이런 이름이 붙었다고 해. 그런데 '도깨비'는 뭐냐고? 도심 속 공원이나 하천을 산책하고 나면 어디서 나타났는지도 모르게 털이나 옷에 잘 달라붙어 있어서 그렇지! 잘도 몰래 붙어 따라오니 도둑놈가시라고도 불렸대.

식물의 특징 키는 30~100cm이고 가장자리가 톱니 모양인 잎들은 2개씩 마주 붙어 나. 앞에서 두상화서에 대해 설명한 것 기억나? 도깨비바늘도 국화과 식물이기 때문에 꽃송이 여러 개가 뭉쳐서 하나의 꽃처럼 보여. 흔히 혀꽃이라고 불리는 설상화는 1~3개 정도나 있지. 열매는 가을에 익기 때문에 9월 이후부터 볼 수 있어. 줄기 끝에 열매가 달린 모습은 마치 가시 공 같아 보이지.

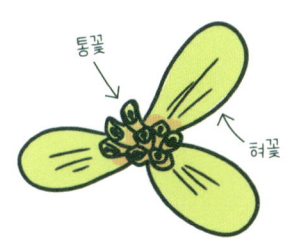

신기한 사실 바늘처럼 기다란 열매 끝에 갓털*이 2~4개 정도 있는데, 갓털마다 아래쪽으로 가시 같은 털이 잔뜩 나 있어서 동물이나 사람에 척척 달라붙어 씨앗을 퍼뜨려.

*꽃받침이 변한 것

건강한 사실 도깨비바늘과 그 친척 식물에는 주로 플라보노이드와 폴리아세틸렌이 들어 있어. 이 성분들은 열을 내리고, 염증과 통증을 가라앉히고, 독성을 없애는 해독 작용에 효과가 있어. 암세포를 억제하는 항암 효과도 있다고 알려져 있고.

돌나물   *Sedum sarmentosum*

- 돌나물과의 여러해살이풀
- 꽃 피는 때 : 5~6월
- 발견할 수 있는 장소 : 아파트의 빈 화단 또는 조경석 사이, 개천의 돌 틈새

주로 돌에 붙어서 살기 때문에 돌나물이라고 불리게 됐대. 돈나물이라고 불리기도 하는데, 이건 잘못된 이름이야. 오늘부터는 돌나물이라고 제대로 불러 주자.

식물의 특징 돌나물은 우리나라가 원산지인 다육 식물이야. 다육 식물은 줄기나 잎에 물을 많이 저장할 수 있어서 건조한 환경에서도 잘 버틸 수 있는 식물을 말해. (우리가 흔히 아는 선인장도 다육 식물이야.) 한마디로 물을 자주 주지 않아도 잘 자란다는 말씀!

재밌는 사실 외국에서는 돌나물을 건물의 지붕을 덮는 데 사용하기도 해. 관리가 쉽고 어려운 환경에서도 잘 버티는 식물이니 앞으로 옥상에 화초를 심고 가꿀 때 주재료로 개발될 가능성이 아주 높지. 돌나물의 푸른 잎과 노란 꽃으로 뒤덮인 건물 옥상을 떠올려 봐. 정말 근사하지 않아?

맛있는 사실 향기로운 봄나물이라 봄철 밥상에서 자주 볼 수 있어. 고깃집이나 학교 급식에서 보통 초고추장이랑 같이 나오는 바로 그 나물이야! 매콤새콤한 초고추장에 콕 찍어 먹으면 아삭아삭한 식감과 싱그러운 맛이 일품이지. 흔히 알려진 요리는 아니지만, 돌나물로 물김치를 담가 먹으면 맛도 좋고 비타민 등 영양소도 풍부하다고 해. 새봄에 입맛을 돋우는 건강한 먹거리를 즐겨 보면 어떨까?

돌콩

Glycine max subsp. *soja*

- 콩과의 한해살이풀
- 꽃 피는 때 : 7~8월
- 발견할 수 있는 장소 : 공원 화단, 들판

콩은 콩인데 앞에 '돌'이 붙었네? 여기서 말하는 돌에는 '야생으로 자라는'이라는 의미가 들어 있어. 한마디로 돌콩은 '야생콩'이라는 뜻이지. 어때, 이름에서부터 거칠고 단단한 느낌이 들지? 야생 식물이지만 먹을 수도 있어.

식물의 특징 콩과 식물의 꽃은 암술과 수술이 밖으로 드러나지 않고 꽃잎에 감싸진 구조여서 꽃가루가 스스로 암술에 붙는 제꽃가루받이를 하는 편이야. 앞에서 콩과 공생하는 뿌리혹박테리아는 대기 중의 질소를 흡수해 땅속 영양분으로 바꾸는 능력이 있다고 했지? 콩과 식물인 돌콩 역시 뿌리혹박테리아의 능력을 이용해 척박한 토양을 비옥하게 만들어.

신기한 사실 돌콩은 우리가 먹는 재배 콩인 대두의 기원이야. 예로부터 사람들은 야생종*의 무게나 크기, 수량 등을 늘리기 위해 인공적으로 재배종을 만들어 왔어. 돌콩의 종자는 대두에 비하면 보잘것없이

작지만 거친 환경에서도 잘 살아남지. 그에 반해 재배종은 환경 변화나 스트레스에 아주 약해서 사람의 관리가 필요해. 야생종의 환경 적응력이 뛰어난 건 야생종이 질병에 저항하는 성질이나 유용한 유전자를 가지고 있기 때문이야. 이러한 야생종의 장점을 이용해 재배종을 더 좋게 만들 수도 있기 때문에 야생종을 보호하는 것은 아주 중요해.

*산이나 들에서 자연적으로 나고 자라는 생물

식물을 기록하는 다양한 방법

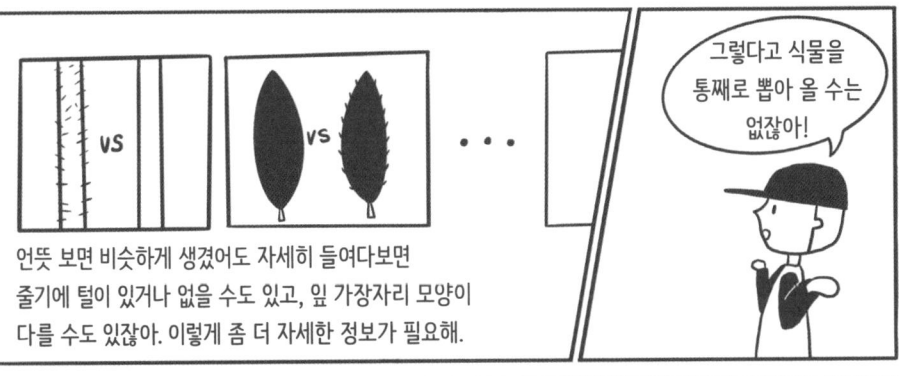

탐험 미션 ❺ 식물을 관찰하고 관찰 일지를 써 보자!

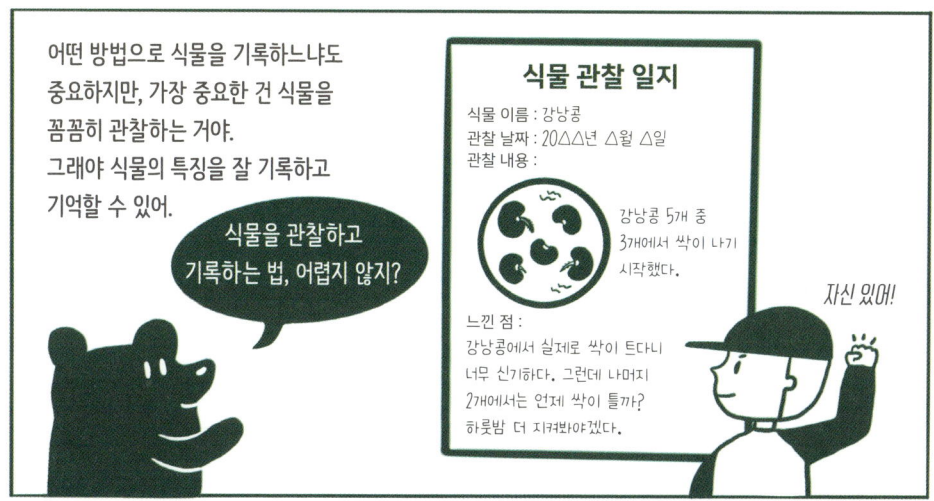

맥문동 *Liriope muscari*

- 백합과의 여러해살이풀
- 꽃 피는 때 : 5~8월
- 발견할 수 있는 장소 : 아파트 화단, 도시 길거리의 화단, 가로수 밑

한자로 '보리 맥', '문 문', '겨울 동'을 써서 '뿌리의 모양이 보리를 닮은, 겨울을 나는 식물'이라는 뜻이야. 한자를 모르는 사람들은 맥문동을 겨울에도 사는 식물이라고 하여 겨우살이라고 불렀대. 실제로 맥문동은 겨울에도 잎이 죽지 않고 어두운 초록색으로 겨울을 보내.

식물의 특징 여름에 보라색 꽃이 피고, 꽃이 지면서 초록색 열매가 열려. 이 열매는 점점 검게 익어 가는데, 동글동글 반짝이는 열매가 무척 탐스러워. 맥문동은 아파트 화단이나 가로수 아래에서 자주 볼 수 있어. 그늘에서도 잘 자라거든. 그런데 사실 맥문동도 다른 식물처럼 빛이 많은 곳을 좋아하는 식물이야. 다만 아파트 건물이나 큰 가로수로 인한 그늘에서 살아남는 식물이 많지 않기 때문에 맥문동을 그늘에 심는 거지.

재밌는 사실 지브리 애니메이션의 영화 <이웃집 토토로> 본 사람? 이 영화에 맥문동의 먼 친척인 소엽맥문동이 등장해. 도토리 꾸러미를 묶는 끈으로 쓰였지. 실 대신 가는 소엽맥문동 잎을 쓴 거야.

건강한 사실 한의학에서는 이 덩이뿌리 약재를 식물 이름과 똑같이 맥문동이라고 불러. 맥문동을 캐 보면 수염처럼 가는 뿌리에 고구마처럼 덩이뿌리가 달린 것을 볼 수 있어. 예로부터 이 뿌리를 약재로 써서 기침과 가래를 멎게 하고 기력을 돋우었다고 전해져.

메꽃   *Calystegia pubescens*

- 메꽃과의 여러해살이풀
- 꽃 피는 때 : 6~8월
- 발견할 수 있는 장소 : 화단 틈새, 밭, 정원

메꽃의 뿌리를 이르는 말이 '메'라고 해서 메꽃이라 불렸다는 설이 있어. 산에 흔히 피는 꽃이라 산을 뜻하는 '메'를, 먹을 것이 부족하던 시절 식량으로 먹기도 했던 식물이라 밥을 뜻하는 '메'를 이름에 붙였다고도 하고. 메꽃의 한자 이름은 '선화'인데, 꽃이 하루 종일 태양을 향해 돌기 때문에 '회전할 선' 자를 쓴다는 거야.

식물의 특징 나팔꽃과 비슷하게 생겨서 헷갈릴 수 있지만 이렇게 비교하면 쉬워. 나팔꽃은 아침에 피고 낮에는 오므라들지만, 메꽃은 낮에 꽃이 피지. 또 메꽃은 '총포'라고 하는 잎사귀 조각 2개가 꽃을 감싸고 그 안에 잘 보이지 않는 5개의 꽃받침이 있지만, 나팔꽃은 총포가 없이 5개의 꽃받침이 드러나 있어.

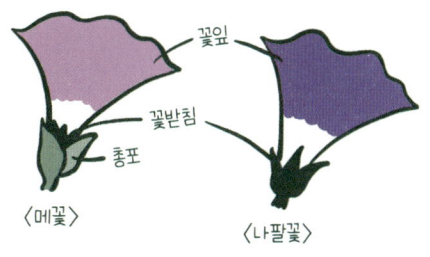

재밌는 사실 옛날에 전투에서 안전한 길을 찾아 안내하는 임무를 맡은 병사가 적의 화살에 맞아 숨을 거두고 말았어. 그러자 적군은 병사가 표시해 놨던 표지판을 다른 방향으로 바꿔 놓았지. 갈림길에 도착한 장군이 표지판이 가리키는 쪽으로 가려는데 나팔처럼 생긴 꽃이 표지판 반대 방향을 향해 피어 있는 거야. 그걸 본 장군은 병사가 죽어서도 방향을 알려 주는 거라고 생각해서 꽃이 핀 방향으로 무사히 군사들을 이끌었어. 눈치챘지? 이 충성스런 꽃이 바로 메꽃이야!

바랭이 *Digitaria ciliaris*

- 벼과의 한해살이풀
- 꽃 피는 때 : 7~8월
- 발견할 수 있는 장소 : 잔디밭, 가로수 밑, 화단

바랭이는 옛날에 바랑이, 또는 바라기라고 불렀어. '바'는 밭 같은 장소를 뜻하고 '라'는 땅이 넓게 퍼지는 상태를 뜻하는데, 바랭이 아래 줄기가 땅을 기면서 자라는 모습 때문에 '바'와 '라'를 붙여서 바라기라고 불렀다고 해. 이 모습이 옆으로 기어 다니는 게를 닮았다고 해서 영어 이름에 'crabgrass' 즉 '게 풀'이라는 말이 들어가지.

식물의 특징 바랭이는 바람에 꽃가루를 날려 보내 꽃가루받이를 하는 '풍매화'야. 암술이 깃털 모양이라서 바람에 날리는 꽃가루가 쉽게 붙지. 이렇게 꽃가루받이를 마친 꽃은 씨앗을 만드는데, 꽃이 늦게 피는 바랭이일수록 더 빨리 씨앗을 맺는다고 해. 지각한 만큼 열매를 더 빨리 만드는 거지.

신기한 사실 안타깝게도 바랭이는 세계 최악의 잡초 11위를 차지했어! 뿌리가 옆으로 기면서 자란다고 했잖아. 그러니 뽑다가 중간에 뿌리가 뚝 끊겨도 남은 뿌리에서 끈질기게 다시 자라거든. 심지어 물이 굉장히 적은 곳에서도, 모래나 자갈이 많은 땅에서도 잘 자라니 더운 여름에 다른 식물은 물이 부족해서 축 처져 있어도 바랭이는 쌩쌩해. 장마가 지난 다음에는 아주 왕성하게 자라고.

재밌는 사실 바랭이의 이삭 줄기 가닥들을 모아서 가운데 줄기에 한데 묶으면 바랭이 우산 완성! 접었다 폈다 움직일 수도 있지. 바랭이를 발견하면 한번 만들어 봐.

뱀딸기 *Duchesnea indica*

- 장미과의 여러해살이풀
- 꽃 피는 때 : 4~6월
- 발견할 수 있는 장소 : 아파트 뒤쪽 화단, 양지바른 화단

뱀딸기는 '사매'라는 한자 이름을 우리말로 바꿔서 붙인 이름이래. 그런데 왜 하필 뱀딸기일까? 뱀이 먹어서? 학자들은 뱀딸기가 뱀이 살 만한 축축한 땅에 살고, 줄기가 꼭 뱀처럼 가늘어서 붙은 이름이라고 추측하지.

식물의 특징 뱀딸기는 습하지만 햇볕이 잘 드는 양지를 좋아해. 구불구불 바닥을 덮는 식물이기 때문에 이끼처럼 땅 표면을 낮게 덮는 '지피 식물'로도 키워. 뱀딸기와 딸기는 비슷하지만 달라. 딸기 꽃은 흰색이지만 뱀딸기 꽃은 노란색이지. 꽃이 피면 꼭 땅에 별이 내려온 것 같다니까!

신기한 사실 사실 우리가 열매라고 부르는 부분은 열매가 아닌 꽃받침이야. 씨앗이 열리는 씨방이 부풀어서 열매(참열매)가 되는 식물들과 달리 뱀딸기속, 딸기속, 양지꽃속의 식물들은 꽃받침이 부풀어서 열매(헛열매) 같은 생김새를 띄거든.

맛있는 사실 뱀딸기의 탐스러운 빨간 열매(사실은 열매가 아니지만!)는 무척 맛있어 보이지만 아쉽게도 아무 맛도 나지 않아. 달지도 시지도 않지. 독성은 없으니 따서 먹어 봐도 돼. 아무 맛도 없으니 설탕과 함께 졸여 잼으로 만들어 먹거나 샐러드로 먹기도 해.

탐험 미션 ❻ 뽀리뱅이는 어떻게 자기 자신을 보호하는지 알아보자!

별꽃 *Stellaria media*

- 석죽과의 두해살이풀
- 꽃 피는 때 : 5~6월
- 발견할 수 있는 장소 : 화단 가장자리, 빈 화단, 양지바른 공터

별꽃의 속명 *Stellaria*는 '별'을 의미하는 라틴어 'stellar'에서 나온 말이야. 이 의미처럼 별꽃을 보면 꼭 밤하늘의 별을 보는 것만 같아.

식물의 특징 5~6월에 꽃을 피우는데, 씨앗이 익으면서 식물 전체가 노랗게 변하며 수명을 다해. 흔히 닮은 꼴인 쇠별꽃과 비교되는데 쇠별꽃은 양지에 살고, 별꽃은 적절히 그늘지고 덜 습한 곳에서 잘 자라. 또 쇠별꽃은 암술머리가 5갈래로 갈라지고, 별꽃은 3갈래로 갈라져 있어.

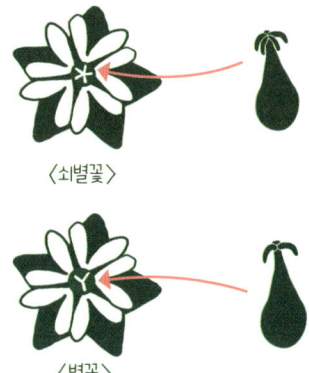

〈쇠별꽃〉

〈별꽃〉

신기한 사실 별꽃은 꽃잎이 10장처럼 보이지만 자세히 보면 5장이 각각 하트 모양으로 갈라져 있어. 갈라진 꽃잎은 꽃을 더 커 보이게 만들거든. 곤충을 유혹하는 별꽃의 생존 전략이지.

건강한 사실 별꽃은 잇몸 질환에 탁월한 효과가 있어. 잘 말린 별꽃을 소금과 섞어 믹서에 갈아서 양치하면 잇몸 건강에 좋다고 해. 별꽃 치약인 셈이지.

맛있는 사실 나물을 무쳐 먹거나 샐러드에 넣어 먹기도 해. 고대 일본에는 1월 7일에 장수와 건강을 기원하는 7가지 풀로 죽을 쑤어 먹는 풍습이 있었는데, 그 풀 가운데 하나가 바로 별꽃이야. 닭이 잘 먹는 식물이기도 해.

부들

Typha orientalis

- 부들과의 여러해살이풀
- 꽃 피는 때 : 6~7월
- 발견할 수 있는 장소 : 학교 연못이나 하천 주변

꽃가루받이가 이루어질 때 바람에 부들부들 떤다고 해서 부들이라고 부른대. 암꽃이나 잎이 부들부들하다고 해서 붙은 이름이라는 이야기도 전해지고. 정말 재미있지?

식물의 특징 부들은 하천이나 연못, 습지 주변에서 자주 볼 수 있어. 키는 1~1.5m 정도이고 암꽃과 수꽃이 하나의 식물에 나 있지. 줄기 위쪽에 수염 같은 털이 나 있는 것이 수꽃, 그 바로 아래 딱 붙어 있는 7~10cm 길이의 핫도그 모양 원통이 암꽃이자 열매야. 이른 초여름에 본 것은 꽃이고 늦여름에서 가을에 본 것은 열매지. 깊은 연못에는 애기부들이 살아. 이름과 다르게 애기부들이 부들보다 키도 크고 암꽃의 길이도 길어. 또 암꽃과 수꽃이 2~6cm 정도 떨어져 있지.

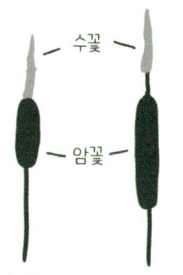
〈부들〉 〈애기부들〉

재밌는 사실 암꽃 속에는 하얀 털로 뒤덮인 씨앗이 가득해. 다 익은 씨앗이 툭 자극을 받으면 순식간에 와르르 빠져나와 바람에 날아가. 옛날에는 이 솜뭉치 같은 씨앗을 모아서 베개나 이불 속에 넣어서 사용하기도 했대. 부들 줄기로는 돗자리를 만드는데, 보푸라기가 생기지도 않고 감촉도 좋지.

씨앗이 무려 35만 개!

맛있는 사실 한의학에서 '포황'이라고도 부르는 부들의 꽃가루는 거의 단백질로만 이루어져 있어. 아메리카 원주민들은 오래전부터 이 영양덩어리 꽃가루로 빵을 만들어 먹었대. 꽃가루 말고도 어린싹이나 꽃, 뿌리줄기까지 먹을 수 있다고 하니 부들은 정말 쓸모가 많아.

뽀리뱅이

Youngia japonica

- 국화과의 두해살이풀
- 꽃 피는 때 : 5~6월
- 발견할 수 있는 장소 : 햇빛이 곧게 내리쬐는 양지바른 곳, 가로수 밑

뽀리뱅이의 '뽀리'는 막 돋아나는 모습을 뜻하는데, 뿌리에서 줄기가 돋아나는 모습을 보고 사람들이 뽀리뱅이라고 불렀다고 해. 보리밭 근처에서 잘 자라서, 또는 보릿고개 때 곡식 대신 먹었다고 해서 보리뱅이라고 하다가 지금의 이름이 된 거라고도 하지.

식물의 특징 뽀리뱅이는 가을에 싹을 틔워서 겨울을 난 뒤 이듬해 봄에 꽃을 피우고 씨를 맺는 두해살이풀이야. 겨울 동안에는 로제트 모양의 잎 상태로 지내는데, 잎 전체에 잔털이 나 있어서 추위를 견딜 수 있어. 줄기를 자르면 상처에서 흰 유액이 나오는데, 적으로부터 자신을 지키기 위한 방어 물질이지. 뽀리뱅이는 광합성이 가능한 환경에서 살아 있는 동안 계속해서 꽃을 피워. 열매는 민들레 홀씨처럼 갓털이 붙어 있어 바람을 타고 멀리 퍼져 나가.

신기한 사실 개미들은 뽀리뱅이 뿌리 근처에 보금자리를 마련하곤 해. 뽀리뱅이는 습하지 않고 공기가 잘 통하고 햇빛이 잘 드는 보드라운 흙에서 자라거든. 뽀리뱅이 씨앗은 한 번에 싹을 틔우지 않다 보니 땅속에 씨앗도 많이 들어 있고 말이야. 또 뿌리는 빗물이나 침입자를 막아 주니 개미들에겐 더없이 살기 좋은 곳이지.

건강한 사실 뽀리뱅이는 열을 내리고, 아픔을 가라앉히는 효과가 있어. 또 옛날에는 관절염 같은 병을 낫게 하는 데도 뽀리뱅이를 썼다고 해. 흔하디흔한 풀이지만, 사실 중요한 약초인 셈이지.

서양민들레 *Taraxacum officinale*

- 국화과의 여러해살이풀
- 꽃 피는 때 : 3~10월
- 발견할 수 있는 장소 : 보도블록 틈새, 잔디밭 가장자리, 양지바른 풀밭

민들레는 사투리 '몬드레진다'에서 나온 이름이라고도 하고 미염들레가 므음들레로, 또다시 지금의 민들레로 변했다는 설도 있어. 민들레 종류를 부르는 영어 이름은 'dandelion'인데, 삐쭉한 민들레 잎이 꼭 사자 이빨 같아서야. 프랑스어로 'dent de lion'이 사자 이빨이란 뜻이거든.

식물의 특징 민들레는 한 종류가 아니야. 우리나라에 사는 민들레만 해도 산민들레, 민들레, 서양민들레 등으로 다양한걸! 산민들레, 민들레 등과 같은 토종 민들레와 서양민들레를 비교하자면 토종 민들레는 총포가 위를 향해 꽃을 감싸고 있는 반면, 서양민들레는 총포가 아래로 뒤집혀 있어. 토

뒤집힌 총포   위를 향한 총포
〈서양민들레〉   〈토종 민들레〉

종 민들레는 곤충이 다른 꽃의 꽃가루를 묻혀 꽃가루받이를 해야 씨앗을 맺지만, 서양민들레는 다른 꽃의 꽃가루 없이도 스스로 씨앗을 맺을 수 있으니 번식에 더 유리하지. 또 토종 민들레는 봄에 씨앗을 맺고 여름잠에 들지만, 서양민들레는 봄부터 가을까지 끊임없이 꽃을 피워.

신기한 사실 서양민들레는 다른 꽃의 꽃가루 없이 씨앗을 맺을 수 있다고 했지? 한마디로 제꽃가루받이가 가능하다는 말씀! 그래서 서양민들레는 꽃봉오리를 절반으로 싹둑 잘라도 씨앗을 맺을 수 있어.

맛있는 사실 서양민들레 뿌리는 예전에 커피 대용품으로 쓰였어. 뿌리를 오븐에 넣고 속살이 검어질 때까지 구운 뒤 갈아서 우리면 커피와 비슷한 맛이 나거든. 고소한 민들레 뿌리 차인 셈이지!

숲은 어떻게 만들어질까?

탐험 미션 ❼ 극상림을 이루는 나무 종류를 찾아보자!

빈 황무지에 먼저 자리 잡는 식물을 통틀어서 '개척자 식물'이라고 해.

이때다! 먼저 점령하자!

쑥

쑥떡의 재료인 쑥도 개척자 식물 중 하나야.

참억새

호장근

민둥산이 완전한 숲을 이루기까지는 200년 정도가 걸린다고 해.

200년?

나이 든 도토리…

내가 노인이 되어도 지금 다 타 버린 저 산이 울창해진 모습은 못 보겠네?

맞아. 다시 원래대로 울창한 숲이 되는 것뿐만 아니라 그곳을 터전으로 삼는 곤충들과 동물들이 돌아오기까지도 오랜 시간이 걸리니까.

이렇게 작은 나무에는 살 수 없어.

물론 나무를 많이 심으면 산이 더 빨리 회복될 수 있겠지만, 다른 무엇보다 지금 있는 숲을 소중히 여기고 가꾸는 것이 가장 중요하겠지?

슬픈 교훈이네….

쇠뜨기

Equisetum arvense

- 속새과의 여러해살이풀
- 꽃 피는 때 : 4~5월(포자기)
- 발견할 수 있는 장소 : 논밭 근처, 학교 운동장 구령대 밑

쇠뜨기라는 이름이 붙은 데는 여러 가지 유래가 있어. 소가 잘 먹는 식물이라 그렇게 불렸다고도 하고 쇠뜨기처럼 똑똑 끊기는 식물인 '속새'에서 따온 이름이라는 설도 있지. 그런데 실제로 쇠뜨기는 소들이 좋아하는 먹이가 아니라고 하니 참 아리송해.

특징: 쇠뜨기 안 좋아함.

식물의 특징 쇠뜨기는 꽃이 피지 않고 홀씨(포자)로 번식하는 '양치식물'이야. 이른 봄에 개나리보다도 일찍 홀씨를 퍼뜨리는 줄기(생식경)가 자라고, 그 뒤에 광합성을 할 수 있는 줄기(영양경)가 솟아오르지. 쇠뜨기는 땅 위로는 20cm 정도 자라는 반면 뿌리는 땅 밑으로 엄청 깊게 뻗어 있어. 1.6m 정도까지 자라며 깊게 뻗는 경우도 있다고 해.

신기한 사실 쇠뜨기는 땅의 여러 상태를 알려 주는 '지표 식물'이야. 쇠뜨기가 흔히 보인다는 건 농약이나 비료를 많이 써서 산성화된 땅이라는 증거지. 다른 식물들과 달리 쇠뜨기는 산성화된 땅에서도 잘 살거든. 또 쇠뜨기는 금을 저장하는 능력이 있어서 금이 묻혀 있는 곳인지 아닌지를 가늠하는 식물이기도 해.

재밌는 사실 쇠뜨기의 조상은 키가 15m까지 자라는 엄청 커다란 풀로, 공룡의 먹이 식물이었어. 공룡이 살던 시대부터 지금까지 극한의 환경 변화에서도 살아남은 거야. 심지어 원자 폭탄이 떨어져 폐허가 됐던 일본 히로시마에서 맨 먼저 싹을 틔웠다고 하니 생명력이 어마어마해.

쇠비름

Portulaca oleracea

- 쇠비름과의 한해살이풀
- 꽃 피는 때 : 6~9월
- 발견할 수 있는 장소 : 텃밭 고랑, 관리가 잘 안 된 공터 주변, 길가

우리말 이름의 유래는 정확히 알려진 바가 없지만, 잎이 말의 이빨을 닮았다고 해서 마치현이라고도 해. 속명 *Portulaca*는 '출입구'나 '문'을 의미하는 라틴어 'porta'에서 왔어. 쇠비름의 열매가 익으면 위의 반쪽이 마치 문이 열리듯 쪼개져 씨앗이 밖으로 쏟아져 나오기 때문일 거야.

식물의 특징 줄기 끝에 아주 작게 달리는 꽃은 하루 만에 피고 져. 아침에 피었다가 한낮에는 오므라들지. 잎이 달린 줄기를 꺾어 다시 심는 꺾꽂이로도 번식이 가능하고 씨앗으로도 번식해. 쇠비름은 엄청 건조하고 뜨거운 곳에서 씨앗을 더 많이 만드는데, 많으면 한 식물체에서 24만 개의 씨앗이 쏟아져 나오지. 게다가 씨앗의 수명은 무려 30년이 넘는다는 사실! 대기 중 이산화 탄소를 많이 흡수하는 식물로도 유명해.

재밌는 사실 중국 신화에 따르면 태양 10개가 동시에 떠올라 식물들이 말라 죽게 되자 용맹한 무사가 활을 쏘아 태양을 하나둘 떨어뜨렸대. 그러자 마지막 태양은 쇠비름 아래로 숨어 화살을 피할 수 있었지. 태양은 고마운 마음에 쇠비름만큼은 가뭄에도 말라 죽지 않게 했다나? 그래서 쇠비름을 태양초, 보은초라고 부르기도 한대.

건강한 사실 쇠비름은 오줌이 잘 나오게 돕는 등 건강 약재로 널리 알려져 있어. 그리스 크레타섬의 주민들은 4000년 전부터 쇠비름 샐러드를 먹어 왔는데, 그래서인지 이 지역에서는 심장과 혈관 계통 질환에 걸리는 사람이 적대. 역시 자연에서 나는 것은 나름의 쓸모가 있나 봐.

수크령

Pennisetum alopecuroides

- 벼과의 여러해살이풀
- 꽃 피는 때 : 8~9월
- 발견할 수 있는 장소 : 도로 옆 자투리 공간, 공원, 옥상 정원

친척 식물인 그령에 비해 훨씬 억세고 강해 '수컷 그령'이라는 뜻으로 붙은 이름이야. 한자 이름은 '구미근초'인데 '개꼬리뿌리 풀'이라는 뜻이지. 수크령의 꽃이삭 모양이 강아지 꼬리와 비슷하게 생겨서겠지?

식물의 특징 키가 30cm에서 1m까지 자라는데, 사람들이 많이 지나다녀 다져진 단단한 흙길에서도 잘 자라. 뿌리가 다닥다닥 붙어 있어서 수크령도 무리 지어서 피어나지. 벼과 식물인 만큼 꽃이삭 또한 벼가 한창 익어 가는 9월쯤에 피지만 벼처럼 고개를 숙이지는 않아. 꽃의 밑부분을 싸고 있는 총포의 색은 보통 짙은 자주색인데, 총포가 붉은색이면 붉은수크령, 푸른색이면 청수크령, 흰색이면 흰수크령이라고 해.

〈붉은수크령〉 〈청수크령〉 〈흰수크령〉

재밌는 사실 '결초보은'이라는 사자성어 들어 봤지? 그대로 해석하자면 '풀을 묶어 은혜를 갚는다'는 말이야. 죽어서라도 은혜를 잊지 않고 갚는다는 뜻을 담고 있지. 여기서 말하는 풀이 바로 수크령이라는 사실! 옛이야기에 따르면 묶어 놓은 풀에 말의 다리가 걸려 넘어졌다고 하는데 그만큼 수크령이 억세다는 뜻이야.

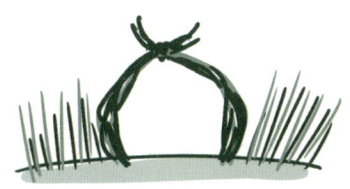

위험한 사실 수크령 씨앗이 스웨터 같은 옷에 박히면 빼기 힘들어. 빼려고 할수록 점점 깊이 파고들거든. 특히 반려견을 산책시킬 때 반려견 발에 박히면 크게 다칠 수 있으니 조심해야 해!

쑥 *Artemisia indica*

- 국화과의 여러해살이풀
- 꽃 피는 때 : 7~9월
- 발견할 수 있는 장소 : 공터의 양지바른 곳과 그늘진 곳

쑥이라는 이름은 쑥의 씁쓸한 맛 때문에 '쓰다'라는 말에서 왔다고도 하고, 땅속 줄기에서 싹이 쑥쑥 돋는 모습에서 왔다고도 해.

식물의 특징 황폐화된 곳에 먼저 들어와 살며 다른 생명이 들어올 수 있도록 기반을 만들어 주는 식물을 '개척자 식물'이라고 했지? 쑥이 바로 대표적인 개척자 식물이야. 다른 식물들이 기피하는 훼손된 곳에서도 잘 자랄 수 있거든. '쑥대밭'이라는 표현 들어 봤지? 보통 훼손된 땅에서 쑥이 무성하게 우거진 것을 볼 수 있기 때문에 생긴 표현이야.

재밌는 사실 속명 Artemisia는 그리스 신화에서 여성을 보호하고 출산을 담당하는 여신 아르테미스의 이름에서 따온 거야. 한의학에서 쑥은 몸을 따뜻하게 해 주는 성질이 있어서 특히 여성의 몸에 좋다고 알려져 있는데, 서양에서도 쑥은 여성을 위한 식물이라고 생각했던 것 같아. 참, 우리 곰 조상님이 100일 동안 쑥과 마늘을 먹고 사람이 되었다는 단군 신화 알지? 동서양의 신화와 관련이 있다니 쑥은 참 재밌는 식물이야.

맛있는 사실 야들야들한 어린잎을 똑 따서 그걸로 쑥개떡이나 된장국을 만들어 먹으면 정말 맛있어. 나는 멥쌀가루랑 설탕을 섞어 만든 쑥버무리가 달달해서 제일 좋더라. 어린잎을 따면 어떡하냐고? 너무 걱정하지 마. 쑥은 가을까지 새잎을 쑥쑥 계속 내는 식물이니까. 갈수록 줄기가 억세지기 때문에 먹기는 힘들지만 말이야.

식물이 씨앗을 퍼뜨리는 방법

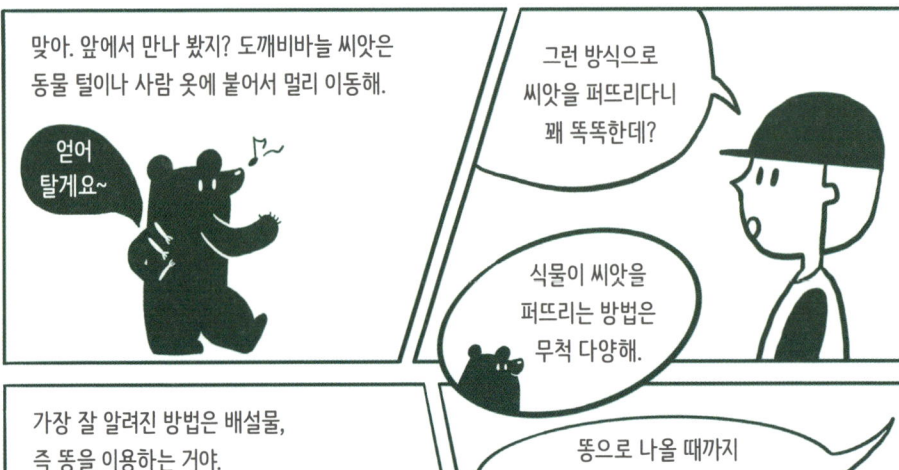

가장 잘 알려진 방법은 배설물, 즉 똥을 이용하는 거야. 사과 같은 나무 열매를 먹은 동물의 배설물로 씨앗이 배출되는 거지.

씨앗은 단단한 껍질로 싸여 있거든. 따라서 씨앗 속에 든 양분까지 고스란히 얻을 수 있지!

탐험 미션 ❽ 제비꽃 씨앗 주머니를 찾아보자!

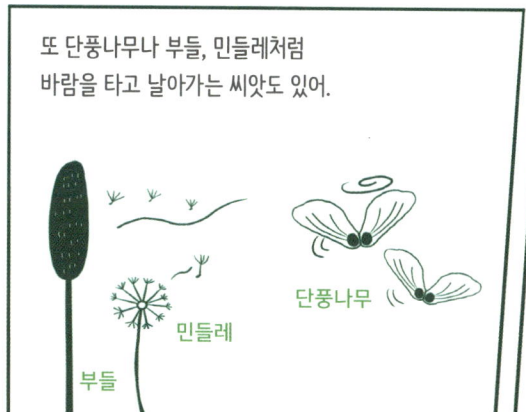

또 단풍나무나 부들, 민들레처럼 바람을 타고 날아가는 씨앗도 있어.

꼬투리가 팡 터지면서 씨앗이 멀리 퍼지는 종류도 있고.

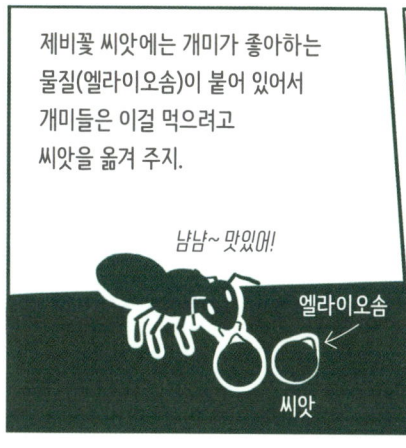

제비꽃 씨앗에는 개미가 좋아하는 물질(엘라이오솜)이 붙어 있어서 개미들은 이걸 먹으려고 씨앗을 옮겨 주지.

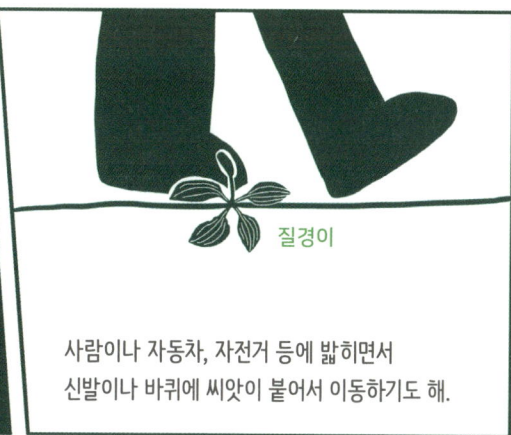

사람이나 자동차, 자전거 등에 밟히면서 신발이나 바퀴에 씨앗이 붙어서 이동하기도 해.

물 위를 둥둥 떠서 이동하는 씨앗도 있어. 야자나무 열매인 코코넛은 바다에서 4개월 넘게 살 수 있어서 대륙에서 대륙으로 이동하기도 해.

종류만큼이나 다양한 씨앗의 여행법, 참 흥미진진하지?

나도 씨앗들처럼 자유롭게 여행하고 싶어!

애기땅빈대

Euphorbia maculata

- 대극과의 한해살이풀
- 꽃 피는 때 : 6~8월
- 발견할 수 있는 장소 : 보도블록 틈새, 화단 틈새

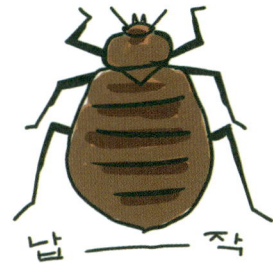

내가 바로 빈대!

납 ———— 작

애기땅빈대는 땅빈대라는 식물과 비슷해. 땅 위에 납작하게 붙은 잎의 모양이 빈대처럼 생겨서 땅빈대라는 이름이 붙었어. 애기땅빈대는 땅빈대보다 몸집이 작아서 앞에 '애기'가 붙은 거야.

식물의 특징 식물은 빛을 이용해 광합성을 해서 영양분을 만들기 때문에 대부분의 식물은 빛을 독차지하려고 높게 자라는 방법을 택하지. 그와 반대로 애기땅빈대는 보도블록 틈새  같은 바닥에 납작하게 붙어서 자라. 키 큰 식물이 밟혀서 살아남지 못하는 곳에서 애기땅빈대는 꿋꿋이 살아남아 햇빛을 받을 수 있는 거야.

신기한 사실 애기땅빈대는 예쁘고 화려한 꽃으로 치장할 이유가 없어. 왜냐고? 땅바닥에 납작하게 붙어서 자라니 땅을 기어 다니는 개미들이 부지런히 꽃가루를 옮겨 주거든. 그러니 굳이 다른 곤충을 유인할 화려한 무늬가 없어도 되는 거야.

건강한 사실 피를 멎게 하고 세균을 죽이는 효능이 있어서 예부터 뱀에 물리거나 상처 난 곳에 애기땅빈대의 흰 유액을 바르거나 식물 전체를 끓여서 약으로 사용하곤 했어. 최근에는 자외선과 미세먼지로 손상된 피부를 회복시킨다는 사실이 밝혀져서 이를 활용한 화장품이 나왔고. 사포닌, 플라보노이드 성분이 있어서 암을 치료하는 데도 효과가 있대.

애기똥풀

Chelidonium majus subsp. *asiaticum*

- 양귀비과의 두해살이풀
- 꽃 피는 때 : 5~8월
- 발견할 수 있는 장소 : 길가, 그늘진 빈 화단, 습한 공터

잎이나 줄기에 상처를 내면 노란 액체가 나오는데, 이게 꼭 아기의 노란색 똥 같다고 해서 붙은 이름이지. 애기똥풀의 꽃말은 '엄마의 사랑과 정성'이야. 꽃말을 증명이라도 하듯 서양에는 눈을 못 뜨는 아기 제비를 위해 엄마 제비가 애기똥풀 즙을 눈에 발라 시력을 되찾아 줬다는 전설이 전해져.

재밌는 사실 옛날 어린이들은 애기똥풀로 손톱에 물을 들이며 놀았대. 사실 손톱보다는 살갗에 노랑물이 더 잘 들긴 했지만 말이야. 실제로 이런 특성을 이용해 애기똥풀을 옷감을 물들이는 천연염료로 사용하곤 해. 애기똥풀을 잘 씻은 뒤 통째로 물에 삶아서 노랑물을 우려내고 거기에 옷감을 집어넣으면 되지.

건강한 사실 한의학에서는 '백굴채'라고 해서 진통제로 쓰여. 줄기와 잎을 찧어 상처 난 데 바르면 피를 멎게 하고 통증도 줄여 주었다고 해. 무좀이나 벌레 물린 데도 발랐고. 이처럼 애기똥풀은 약으로도 쓰였지만, 독도 될 수 있는 식물이야. 약과 독은 한 끗 차이라잖아!

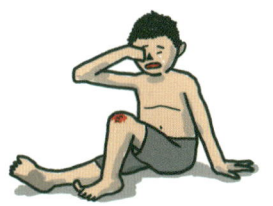

위험한 사실 애기똥풀이 속한 양귀비과의 식물들은 줄기를 자르면 유액이 나와. 유액 속에는 다양한 화학 물질이 들어 있는데, 천적으로부터 자신을 보호하기 위한 독성이 있지. 사람에게도 독으로 작용하기 때문에 함부로 먹지 않는 것이 좋아. 애기똥풀을 많이 먹으면 어지러움, 두통이 일어나고 심하면 사지가 마비될 수 있어. 동물들에게도 먹이면 안 돼.

여뀌 *Persicaria hydropiper*

- 마디풀과의 한해살이풀
- 꽃 피는 때 : 6~9월
- 발견할 수 있는 장소 : 개천 주변, 물이 흐르는 등산로

여뀌라는 이름 참 특이하지? 조선 시대 기록을 보면 엿귀, 역귀풀로 불렸다고 해. 붉은색 꽃이 귀신을 쫓는다고 해서 역귀로 불리게 됐다는 설도 있고. 지역에 따라 맵쟁이, 고춧대라고도 하는데, 영어 이름도 'Water pepper(물에서 나는 후추)'인 것을 보면 정말 매운맛이 나는 모양이야.

재밌는 사실 옛날에는 여뀌에 있는 독성을 이용해 물고기를 잡기도 했대. 여뀌를 찧은 뒤 즙을 냇물에 풀면 물고기가 독에 중독돼서 잠깐 기절하는데, 이때 물 위로 떠오르는 물고기를 잽싸게 건진 거야.

건강한 사실 여뀌는 두 얼굴의 식물이야. 독성도 있지만 약재로도 사용됐거든. 특히 피를 멎게 하는 효과가 있어서 상처 난 데 발랐어. 베트남에서는 뿌리와 잎을 뱀에 물린 곳에 사용하고 구충제로도 이용했대. 오늘날 과학자들은 여뀌에 항균, 항염 등 10가지가 넘는 효능이 있는 여러 화학 물질이 들어 있다는 것을 밝혀 냈어. 그래서 여뀌를 의약품이나 화장품으로 활용하기 위한 연구가 계속되고 있지.

맛있는 사실 우리나라에서는 나물을 무쳐 먹거나, 매콤한 맛을 더하는 향신료로 이용했어. 독성이 적은 어린싹을 데치고 물에 하루 동안 담가 두었다가 먹었지. 누룩*을 만드는 데도 여뀌를 이용했어. 찹쌀을 여뀌즙에 하루 동안 담갔다가 건진 뒤 밀가루로 반죽해 누룩을 만든 거야. 여뀌의 항균 성분이 누룩에 잡균이 번식하는 것을 막아 주지 않았을까?

*술을 빚을 때 쓰는 발효제

제비꽃 *Viola mandshurica*

- 제비꽃과의 여러해살이풀
- 꽃 피는 때 : 4~5월
- 발견할 수 있는 장소 : 방치된 화단, 흙먼지 쌓인 구석, 양지바른 공터

꽃 모양이 제비를 닮아서 제비꽃이라는 설과 제비가 오는 무렵 핀다고 해서 제비꽃이라는 설이 있어. 그 밖에 병아리꽃, 씨름꽃, 가락지꽃 등으로도 불려.

식물의 특징 보랏빛 꽃은 봄에만 피지만, 사실 제비꽃은 가을까지 꽃을 피워. 여름이 오면 제꽃가루받이를 해서 열매를 맺는 '닫힌꽃(폐쇄화)'을 피우기 때문이지. 그래서 눈에는 잘 보이지 않지만 여름부터 가을까지 계속 열매를 관찰할 수 있어. 괭이밥에서 이야기한 '개미 씨앗 퍼뜨리기' 기억나? 제비꽃도 개미의 입맛을 이용한 전략으로 씨앗을 퍼뜨려.

신기한 사실 꽃에 고깔처럼 생긴 튀어나온 부분을 '꽃뿔(거)'이라고 불러. 제비꽃 꽃뿔 속에는 꿀샘이 있지. 곤충들은 꿀을 먹으러 꽃잎 깊숙한 곳으로 들어가려고 하기 때문에 곤충 몸과 제비꽃 암술머리에 꽃가루가 더 많이 붙어. 당연히 꽃가루받이가 더 잘되겠지? 그런데 어떤 곤충은 꽃뿔에 구멍을 뚫어서 꿀만 먹고 가. 제비꽃은 이런 얌체 같은 곤충을 막기 위해서 꽃잎보다 꽃뿔 부분이 더 두껍고, 꿀샘의 위치도 바꾼다고 해.

재밌는 사실 왜 '가락지꽃'이라고 불렸을까? 제비꽃으로 가락지, 그러니까 반지를 만들 수 있거든. 꽃자루와 함께 꽃을 따서 꽃뿔의 끄트머리를 살짝 잘라 구멍을 내. 그 구멍에 꽃자루 줄기를 밀어넣고 튀어나온 부분을 다듬으면 제비꽃 반지 완성!

탐험 미션 ❾ 내가 발견한 식물이 어떻게 꽃가루받이를 하는지 알아보자!

굉장히 전략적이지? 하지만 이 방법에도 단점은 있어. 곤충이 다른 식물의 꽃가루까지 옮기는 바람에 꽃가루받이에 성공하기 힘들다는 거야.

그래서 다윈난은 한 종의 곤충하고만 교류해. 다윈난의 꿀샘은 길고 깊게 진화해서

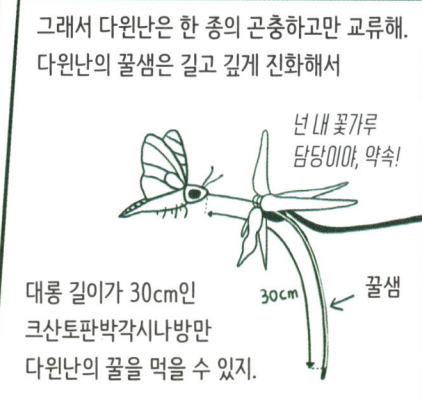

넌 내 꽃가루 담당이야, 약속!

대롱 길이가 30cm인 크산토판박각시나방만 다윈난의 꿀을 먹을 수 있지.

그런가 하면 곤충을 속여서 꽃가루를 옮기는 식물도 있어.

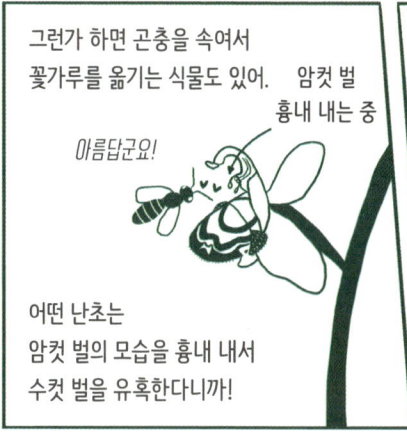

암컷 벌 흉내 내는 중
아름답군요!

어떤 난초는 암컷 벌의 모습을 흉내 내서 수컷 벌을 유혹한다니까!

식물의 꽃가루는 옮겨 주지 않고 꿀만 먹고 가는 얌체 곤충도 있지.

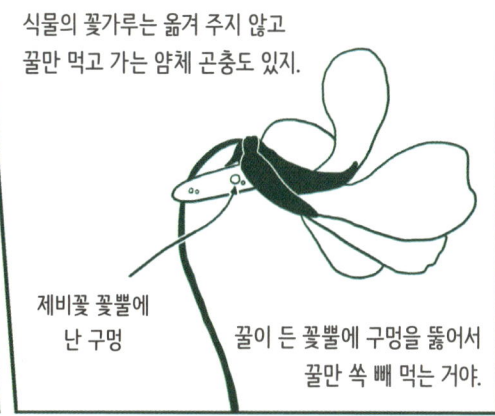

제비꽃 꽃뿔에 난 구멍

꿀이 든 꽃뿔에 구멍을 뚫어서 꿀만 쏙 빼 먹는 거야.

특이하게도 벌과 나비가 아닌 파리와 딱정벌레를 이용해서 꽃가루받이를 하는 꽃도 있어. 이런 꽃은 향기 대신 시체 썩은 냄새를 풍기지.

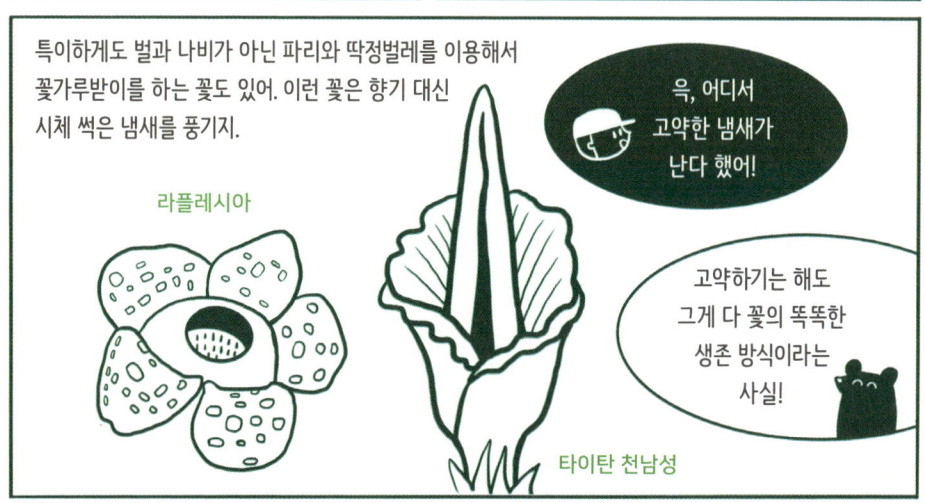

라플레시아

타이탄 천남성

윽, 어디서 고약한 냄새가 난다 했어!

고약하기는 해도 그게 다 꽃의 똑똑한 생존 방식이라는 사실!

주름잎 *Mazus pumilus*

- 현삼과의 한해살이풀
- 꽃 피는 때 : 4~10월
- 발견할 수 있는 장소 : 담장 밑, 화단 가장자리, 촉촉하고 구석진 길가

주름잎은 말 그대로 잎이 주름진 것처럼 보여서 붙은 이름으로 추측돼. 기온이 낮은 곳에서는 잎이 더 주름진다고 해. 통전초, 일본통전초, 고추풀 등 다양한 이름으로 불리는데, 고추풀은 고추밭에서 많이 자라기 때문에 붙은 이름이지.

식물의 특징 갑오징어처럼 생긴 보라색 꽃의 위쪽 꽃잎을 들추면 암술 하나와 수술 4개가 보이는데, 수술 2쌍이 나비처럼 붙어 있어. 주름잎은 끈질기게 살아남는 식물이야. 발에 밟혀도 잘 죽지 않지. 또 봄부터 시작해서 가을까지 계속 꽃을 피워. 그래서 씨앗도 끊임없이 퍼뜨릴 수 있는데, 씨앗이 다 익으면 캡슐처럼 생긴 열매에서 몇백 개의 씨앗이 튕겨 나와.

신기한 사실 주름잎 꽃에는 곤충을 꽃 속으로 안내하는 노란색 선(허니 가이드)이 그려져 있어. 곤충은 꽃 속으로 들어가면서 꽃가루를 몸에 묻혀 주름잎의 꽃가루받이를 돕지. 주름잎은 고마운 곤충이 편하게 꽃 입구에 앉을 수 있도록 아래 꽃잎을 활주로처럼 길게 만들었어.

주름잎은 지표 식물이야. 무엇을 알려 주냐고? 촉촉하고 구석진 곳에서 잘 자라니, 주름잎이 사는 땅은 습기가 적당한 땅임을 알 수 있는 거지.

쥐꼬리망초 *Justicia procumbens*

- 쥐꼬리망초과의 한해살이풀
- 꽃 피는 때 : 7~9월
- 발견할 수 있는 장소 : 길가 화단, 가로수 밑 화단, 풀밭, 산기슭

꽃차례의 모양이 꼭 쥐의 꼬리 같아서 붙은 이름이래. 북한에서는 무릎꼬리풀이라고 부른다고 해. 아마 다 자라도 키가 무릎 높이 정도여서일 거야. 일본에서는 '여우의 손자'라는 뜻의 '키츠네노마고'라고 부르는데 왜 이런 이름이 붙었는지는 알 수 없어.

신기한 사실 쥐꼬리망초 꽃은 앞서 만나 본 주름잎 꽃과 비슷한 점이 아주 많아. 꽃잎이 위아래로 갈라져 있는데, 곤충들이 착륙하기 쉽도록 아래쪽 꽃잎이 더 크고 넓게 나거든. "여기에 꿀이 있어!" 하고 곤충들에게 알려 주는 허니 가이드가
있는 것도 비슷하지. 쥐꼬리망초의 허니 가이드는 흰색 무늬지만! 곤충이 이 안내를 따라 꽃 안쪽으로 들어가면 위쪽 꽃잎이 곤충을 덮어서 곤충 몸에 꽃가루가 많이 묻게 해 줘.

건강한 사실 진통 효과가 있어서 예로부터 생풀을 소금과 함께 짓이겨 관절이나 근육통이 있는 곳에 발랐어. 감기나 천식에 먹는 약으로도  썼고. 옛날 중국에서는 안약으로 사용도 했대. 최근에는 쥐꼬리망초의 항바이러스 효과를 이용해 코로나 치료제를 만들려는 연구를 하고 있어!

맛있는 사실 쥐꼬리망초 씨앗은 작은 새들의 먹이야. 그런데 사람도 씨앗을 갈아 밀가루처럼 먹을 수 있대. 어린잎은 나물로도 먹을 수 있고. 쑥, 도꼬마리 잎, 쇠비름 등과 섞어 차처럼 끓여 마시기도 해.

질경이 *Plantago asiatica*

- 질경이과의 여러해살이풀
- 꽃 피는 때 : 6~8월
- 발견할 수 있는 장소 : 보도블록 틈새, 공터, 주택가 돌 틈새

길에 산다고 해서 길경이로 불리다 질경이가 되었대. 지역마다 이름이 다양해. 베짱이라고 부르는 곳도 있는데, 일부 지역에서 질경이 잎으로 베 짜는 놀이를 하던 데서 유래했다고 보는 사람도 있지.

식물의 특징 길가의 가혹한 환경에서도 견딜 수 있는 식물이야. 잎 속에 질긴 섬유질이 발달해서 쉽게 찢어지거나 짓이겨지지 않거든. 질경이 씨앗에 들어 있는 '이당류'로 된 성분은 물이 묻으면 끈적끈적해져서 씨앗이 신발이나 동물에 붙어 멀리 퍼져 나갈 수 있어.

재밌는 사실 중국 한나라 때 마무라는 장군이 전쟁터에 나갔다가 황량한 사막을 지나게 되었어. 병사들과 말들이 굶주림과 갈증에 시달리다 피오줌을 누며 쓰러지기 시작했지. 그런데 어쩐 일인지 몇몇 말들만 멀쩡한 거야. 알고 보니 마차 앞에 있는 풀을 뜯어 먹은 덕분이었지. 그 풀이 바로 질경이로, '마차 앞에 난 풀'이라고 해서 '차전초'라고 부르게 되었대.

건강한 사실 항염증 물질이 풍부해서 예로부터 약재로 쓰여 왔어. 특히 배가 아프거나 체했을 때 질경이 뿌리의 즙을 내 마셨다고 전해져. 최근에는 질경이 씨앗 껍질(차전자피)이 변비 치료제로 이용되고 있어.

맛있는 사실 질경이는 가뭄이나 땡볕에도 잘 자라서 흉년이 들었을 때 식량으로 먹기도 했어. 부드러운 잎과 줄기는 나물이나 국거리로 먹고, 생잎은 쌈으로 먹거나 데쳐서 말렸다가 겨울에 먹었지. 질경이 씨앗으로 기름을 짜서 메밀 반죽에 넣으면 잘 끊어지지 않는대.

코스모스 *Cosmos bipinnatus*

- 국화과의 한해살이풀
- 꽃 피는 때 : 6~10월
- 발견할 수 있는 장소 : 학교 화단, 공원, 도심 곳곳

속명인 *Cosmos*는 '장식하다'라는 뜻의 그리스어 'kosmos'에서 온 단어래. 예쁜 코스모스 꽃을 보고 장식하는 것을 떠올린 걸까? 우리말로는 살살이풀이라고도 해. 가을바람에 살랑살랑 흔들리는 코스모스의 모습이 눈에 그려지는 것 같아.

식물의 특징 코스모스는 키가 1~2m 정도로 자라. 키가 작은 코스모스를 본 적이 있다고? 그건 키를 작게 만든 다른 종류의 코스모스이거나, 화분이 작아서 작게 자란 코스모스일 거야.

신기한 사실 우리나라에서 코스모스는 가을에 꽃이 피어. 낮의 길이가 가장 긴 '하지'가 지나면 밤의 길이가 점점 길어지는데, 코스모스는 밤의 길이를 감지해 꽃 피울 준비를 하거든. 그래서 밤의 길이가 길어지는 가을에 꽃을 피우는 거야. 이렇게 낮의 길이가 짧아질 때 꽃을 피우는 코스모스 같은 식물을 '단일 식물'이라고 해.

재밌는 사실 코스모스의 학명을 지은 사람의 직업은? 바로 신부야! 코스모스의 고향은 멕시코인데, 멕시코에서 코스모스를 처음 본 스페인 탐험가가 씨를 스페인으로 가져가 신부인 안토니오 호세 카바니예스에게 주었거든. 이 신부는 100종이 넘는 식물의 학명을 지었을 정도로 유명한 식물학자였다는 사실!

식물을 다루는 직업의 세계

탐험 미션 ⑩ '내가 하고 싶은 일은 뭘까?' 생각해 보기

그 밖에도 다양한 직업이 있지.
그런데 말이야…

요즘 'N잡'이라는 말이 있잖아. 나는 수목원의 가드너이자 교육자이고, 연구원이기도 해! 정기적으로 식물에 관한 글도 쓰지.

바쁘다 바빠~

직업에 너를 맞추거나 그 직업을 가지려고 하기보다는 네가 좋아하고 잘하는 걸 활용해서 너만의 직업을 가져 보면 어떨까?

음~

그럼 난 그림도 좋아하고, 식물도 좋아하니까 식물을 알려 주는 만화를 그리는 사람이 될래. 지금처럼 웅 박사와 계속 식물 탐험도 떠나고 싶어!

하이 파이브!

멋진 생각이야!
우리 서로를 응원하자고!

큰개불알풀 *Veronica persica*

- 현삼과의 두해살이풀
- 꽃 피는 때 : 3~6월
- 발견할 수 있는 장소 : 양지바른 땅, 빈 화단, 낮은 화단의 가장자리

큰개불알풀은 일본에서 붙인 이름을 그대로 가져다 쓴 거야. 양쪽으로 둥글게 갈라진 주머니 같은 열매의 모양이 꼭 큰 개의 음낭을 닮았다나? 푸른 별 조각같이 예쁜 꽃인데, 때론 놀림감이 되니 억울한 생각도 들어. 서양에서는 큰개불알풀의 수술 2개가 새의 눈처럼 생겼다고 해서 'Birdeye'라고도 불러.

식물의 특징 우리나라에 살고 있는 개불알풀 종류는 5가지야. 그중 우리나라 자생종은 개불알풀뿐이지. 나머지 4종류인 선개불알풀, 눈개불알풀, 큰개불알풀, 좀개불알풀은 외국에서 들어왔어.

재밌는 사실 "반가워서 큰 소리로 내가 말을 건네면…… 부끄러워 하늘색 얼굴이 더 얇아지는 꽃" 이해인 시인의 <봄까치꽃>이라는 시의 일부야. 봄까치꽃이 바로 큰개불알풀이라는 사실! 봄을 알리는 까치처럼 이른 봄날 꽃을 피워 우리에게 봄을 알려 주니 생김새에 꼭 맞는 이름이지? 그래서 우리나라에서는 봄까치꽃으로 널리 알려져 있어.

영국의 어떤 지역에서는 큰개불알풀을 뽑으면 새가 눈을 뽑아 간다는 무시무시한 미신이 있대. 미신이니까 믿거나 말거나!

건강한 사실 어린잎으로는 나물을 무쳐 먹을 수 있고 꽃은 그늘에 말려 향긋한 차로 마실 수 있어. 유럽에서는 코 막힘, 눈 쓰라림, 근육통을 줄여 주고 염증을 치료하는 데 사용했다고 해.

큰도꼬마리

Xanthium orientale

- 국화과의 한해살이풀
- 꽃 피는 때 : 8~9월
- 발견할 수 있는 장소 : 큰 공원 주변 산책로, 동네 뒷산

옛날 이름은 됫고마리 또는 도고말이인데, 열매의 가시가 '도로(되) 꼬(고)부라진' 모양 또는 '머리(마리)' 모양이라 그렇게 불렸대. 큰도꼬마리는 도꼬마리보다 잎과 열매의 크기가 더 커서 붙은 이름이고.

식물의 특징 우리나라에는 도꼬마리, 큰도꼬마리, 가시도꼬마리가 있어. 도꼬마리가 우리 땅에 맨 먼저 자리 잡았지만 지금 우리가 가장 흔하게 볼 수 있는 건 건조한 땅, 습한 땅, 황무지 할 것 없이 여러 환경에서 살아남은 큰도꼬마리야.

신기한 사실 큰도꼬마리 열매를 쪼개면 씨앗이 2개 들어 있어. 그런데 신기하게도 씨앗의 크기가 서로 달라. 양분이 더 많은 큰 씨앗은 땅에서 먼저 싹을 틔워. 작은 씨앗은 바로 싹을 틔우지 않고 혹시 모를 위험에 대비해서 때를 기다리지. 생존을 위한 큰도꼬마리의 안전 장치인 셈이야!

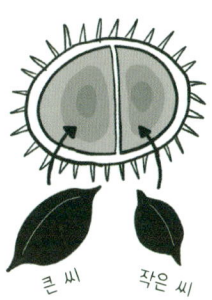

재밌는 사실 큰도꼬마리의 타원형 열매 표면에는 갈고리 같은 가시가 있어서 우리도 모르는 사이에 몸에 붙어 있을 때가 많아. 스위스의 한 발명가는 사냥개의 털에 잔뜩 붙어 있는 도꼬마리 열매를 보고 벨크로(찍찍이)를 발명했어. 벨크로의 한쪽 면에는 둥근 고리 같은 섬유가, 다른 면에는 도꼬마리 열매의 갈고리 같은 섬유가 붙어 있어서 서로 붙으면 잘 떨어지지 않지. 이렇게 생물의 모습이나 특징에서 힌트를 얻어 생활에 필요한 것들을 발명하는 기술을 '생체 모방 기술'이라고 해.

토끼풀　*Trifolium repens*

- 콩과의 여러해살이풀
- 꽃 피는 때 : 4~10월
- 발견할 수 있는 장소 : 잔디밭 사이사이, 화단 옆, 공터

토끼가 잘 먹는 풀이라고 해서 이런 이름이 붙었대. 행운의 상징인 네잎클로버 알지? 이때 '클로버(clover)'가 바로 토끼풀이야. 세잎클로버의 꽃말은 '행복'이라니까, 네잎클로버를 못 찾았다고 해도 속상해하지 마!

식물의 특징 복슬복슬한 토끼풀의 꽃은 작은 꽃송이들이 뭉쳐서 하나의 꽃을 이룬 거야. 먼저 꽃가루받이가 끝난 꽃은 떨어지지 않고 계속 밑에 매달려 있어서 꽃을 계속 커 보이게 하지. 토끼풀의 가느다란 줄기는 땅을 기면서 자라는데, 마디마다 잎이나 꽃이 자라.

신기한 사실 토끼풀은 콩과 식물인 만큼 질소를 붙잡아 두는 능력이 있어서 땅을 비옥하게 하지. 그래서 농가에서 땅의 힘을 키울 목적으로 기르기도 하는데, 이런 작물을 '녹비 작물'이라고 불러. 그리고 양배추 주위에 토끼풀을 심으면 노랑나비 애벌레가 토끼풀만 먹고 양배추는 먹지 않는다는 사실! 농약을 쓰지 않고도 양배추 농사를 지을 수 있는 거야.

재밌는 사실 비닐 완충제, 일명 뽁뽁이가 없던 옛날 일본에서는 유리그릇을 수출할 때 깨지지 말라고 잘 말린 토끼풀 꽃을 뽁뽁이 대신 사용했다고 해.

위험한 사실 잎의 흰 줄무늬에는 청산가리라는 독성분이 들어 있어서 민달팽이와 메뚜기 같은 작은 생물들이 잎을 먹으면 정신 착란을 일으킬 수 있어. 그래서 토끼풀 중에서도 잎에 흰 무늬가 있는 것이 동물들에게 먹히지 않고 더 많이 살아남지.

흰명아주   *Chenopodium album*

- 명아주과의 한해살이풀
- 꽃 피는 때 : 6~7월
- 발견할 수 있는 장소 : 학교 텃밭 근처, 방치된 넓은 공터

명아주는 청려장, 도토라지, 룽장이 등 다양한 이름으로 불려 왔어. 식물 맨 위에 새로 나오는 잎이 붉은색인데, 흰명아주는 새잎에 흰빛이 돌아서 붙은 이름이지.

난 명아주.

난 흰명아주.

식물의 특징 흰명아주는 1개의 식물체에서 20만 개의 씨앗을 만들고, 명아주는 1개의 식물체에서 30만 개의 씨앗을 만들어. 흰명아주 씨앗은 수명이 무려 30년인 데다가, 1700년 전 청동기 시대의 흙 속에서 발굴된 씨앗이 싹을 틔웠을 정도로 생명력이 엄청나서 명아주 종류는 전 세계에서 가장 넓게 퍼져 있는 식물 중 하나야. 척박한 땅에서는 키가 5cm 정도 자라지만, 자라기 적합한 환경에서는 키가 1m 넘게 자라고 척박한 땅에서보다 훨씬 더 많은 양의 씨앗을 만들어 내지.

재밌는 사실 청려장은 '명아주 줄기로 만든 지팡이'라는 뜻이야. 풀의 줄기로 만들어 가볍고 단단해서 통일 신라 시대부터 장수한 노인에게 청려장을 선물했다고 전해져. 퇴계 이황의 지팡이로도 유명하지. 지금도 우리나라에서는 해마다 10월 2일 노인의 날이 되면 100세를 맞은 노인에게 청려장을 선물하고 있어.

맛있는 사실 서양에서는 명아주 씨앗으로 빵이나 죽을 만들어 먹기도 했대. 우리나라에서도 임진왜란이 일어나기 전에는 명아주를 밭작물로 길러서 먹었다고 전해져. 어린잎을 데쳐서 된장에 무쳐 먹어도 맛있고 씨앗은 훌륭한 비상식량이 되어 주었거든.

찾아보기

ㄱ

가지과	30-31
갈대	16-17
갓털	49, 71
강아지풀	18-19
개망초	15, 20-21, 35
개미자리	22-23
개척자 식물	75, 83
곁눈	10-11
골풀	26-27
골풀과	26
광합성	11, 71, 77, 87
괭이밥	28-29, 85, 93
괭이밥과	28
국화과	15, 20, 48-49, 70, 72, 82, 102, 108
귀화 식물	43
극상림	74-75
까마중	30-31
깨풀	32-33
꽃가루받이	11, 21, 43, 61, 69, 73, 93-95, 97, 111
꽃다지	36-37
꽃마리	35, 38-39
꽃받침	49, 59, 63, 73
꽃뿔	93, 95
꽃차례	15, 39, 99
꿀샘	43, 93, 95

ㄴ

나팔꽃	59
냉이	6, 35, 37, 40-41

ㄷ

닫힌꽃(폐쇄화)	93
달맞이꽃	42-43
닭의장풀	46-47
닭의장풀과	46-47
대극과	32, 86
덩이뿌리	57
도깨비바늘	48-49, 84
돌나물	50-51
돌나물과	50
돌콩	52-53
두상화서	15, 49
두해살이 식물 (두해살이풀)	12, 20, 36, 38, 40, 42, 66, 70-71, 88, 106

ㄹ

로제트	13, 35, 71

ㅁ

마디풀과	90
마주나기	33
맥문동	56-57
메꽃	58-59
메꽃과	58
명아주과	112

ㅂ

바늘꽃과	42
바랭이	19, 60-61
배추과	36, 40
백합과	56
뱀딸기	62-63
별꽃	66-67
벼과	16, 18, 60, 80-81
보리수나무	45
부들	68-69, 85
부들과	68
뽀리뱅이	65, 70-71
뿌리혹박테리아	44-45, 53

ㅅ

서양민들레	35, 72-73
석죽과	22, 66
설상화(혀꽃)	14-15, 49
소엽	10-11
속명	25, 29, 67, 79, 83, 103
속새과	76
쇠뜨기	76-77
쇠비름	78-79, 99
쇠비름과	78
수술	10-11, 47, 53, 63, 97, 107
수크령	80-81
식물의 한살이	12-13
쑥	75, 82-83, 99
씨방	14, 63

ㅇ

암술	10-11, 14, 47, 53, 61, 63, 97
야생종	53
양치식물	77
애기땅빈대	86-87
애기똥풀	88-89

찾아보기

양귀비과	88-89
어긋나기	33
엘라이오솜	29, 85
여뀌	90-91
여러해살이 식물 (여러해살이풀)	12, 16, 26, 28, 35, 50, 56, 58, 62, 68, 72, 76, 80, 82, 92, 100, 110
엽록체	11
오리나무	45
이명법	25

ㅈ

자운영	45
장미과	62
제꽃가루받이	47, 53, 73, 93
제비꽃	85, 92-93, 95
제비꽃과	92
종소명	25, 31, 33
주름잎	96-97
쥐꼬리망초	98-99
쥐꼬리망초과	98
지치과	38
지표 식물	77, 97
질경이	6, 85, 100-101
질경이과	100

ㅊ

참열매	63
천이	74
총포	59, 73, 81

ㅋ

코스모스	15, 102-103
콩과	44-45, 52-53, 110-111
큰개불알풀	106-107
큰도꼬마리	108-109

ㅌ

타감 작용	20-21
탁엽	10-11
토끼풀	29, 45, 110-111
통상화(대롱꽃)	14-15

ㅍ

풍매화	61

ㅎ

학명	24-25, 33, 103
한해살이 식물 (한해살이풀)	12, 18, 22, 30, 32, 34, 46, 48, 52, 60, 78, 86, 90, 96, 98, 102, 108, 112
허니 가이드	94, 97, 99
헛열매	63
현삼과	96, 106
흰명아주	112-113

추천의 말

어떤 보물은 마치 마법이 걸려 있는 것처럼, 이름을 정확히 알고 있을 때만 발견할 수 있어요. 비어 있는 것처럼 느껴졌던 공원이, 화단이, 산책로가 얼마나 가득 차 있는지 알게 된 후 놀라고 말았답니다. 이 책으로 마음속의 그물망을 촘촘하게 만든 후 밖으로 나서면, 반짝이는 정보들이 그물코마다 내려앉을 거예요.
_**정세랑**(소설가)

방대한 식물 이야기를 이토록 쉽고 명료하게 전달할 수 있다니! 알차고도 친절한 식물 안내서입니다. 이 책을 읽은 후 늘 지나던 길에서 멈춰 길가의 풀과 나무를 들여다보는 나를 발견하게 될 것입니다.
_**이소영**(식물 세밀화가)

어떤 시인이 노래한 대로 세상에는 자세히 봐야 예쁘고, 오래 봐야 사랑스러움을 알게 되는 것들이 있습니다. 좋은 것은 찾기 힘들다지만, 작고 사랑스러운 것들은 그렇지 않아요. 밖으로 나가 자세를 낮추고 주변을 둘러보기만 해도 앙증맞은 풀꽃과 파릇파릇한 새싹, 저마다 개성을 뽐내는 작은 열매와 씨앗들이 눈에 들어올 거예요. 그렇게 작고 사랑스러운 것을 발견하게 되는 순간을 《도시 식물 탐험대》와 함께해 보세요. 그저 이름 없던 잡초들이 내 맘속에 들어와 의미 있는 꽃으로 피어나는 놀라운 경험을 하게 될 테니까요.
_**하리하라**(과학 저술가)

원예학을 공부하는 저자들이 전하는 봄소식 같은 책. 어린이를 위한 책이지만, 어른이 보아도 모자람이 없습니다. 금방이라도 책 속 식물들을 만날 수 있지 않을까, 읽다 보니 서둘러 산책하러 나가고 싶어집니다.
_**김완순**(서울시립대학교 환경원예학과 교수)